우리 자녀들이 살아가는 세상의 문화는 부모들이 생각하는 것보다 더욱 충격적이다. 성과 관련한 범죄는 물론이고 다양한 성 문화와 사실적인 성 경험이 공존한다. 자녀들을 진정으로 보호하기 위해서는, 그들이 성인으로 자라 가는 과정에서 겪는 다양한 성적 경험을 취사선택할 수 있는 능력을 길러 주어야 한다. 저자는 청소년들의 현실을 잘 반영하면서도 부모들의 마음을 헤아린다. 자녀들이 '성적 존재'로서 자신을 수용하고, 더 아름다운 삶을 향해 자라 가도록 돕는 데 좋은 안내가 되어 준다. 성이라는 민감한 문제를 세심하고도 꾸밈없이 다루는 저자의 노력에 부모로서 큰 도전을 받았다. 부모들에게, 또한 청소년 사역을 하는 교사들에게 이 책을 권한다. 무엇보다 몸과 마음에 일어나는 여러 변화에 혼란스러워하는 사춘기 청소년들에게 이 책을 권한다.

김병년 다드림교회 담임목사, 『난 당신이 좋아』 저자

이미 자신만의 성(城)과 성(性)의 세계를 구축해 나가기 시작한 청소년들에게 부모가 현실적인 성 이야기를 들려주기란 쉬운 일이 아니다. 그런 의미에서 『청소년이 성을 알면 달라지는 것들』은 부모의 목소리를 대신할 수 있는 유용한 책이다. 이 책에는 친절하고 인격적이며 현실적인 성이 담겨 있다. 청소년들이 자신이 성적인 존재임을 받아들이고 관계적인 성을 배우는 데 도움을 줄 것이다. 내 자녀가 성을 제대로 알지 못하면 무엇을 잃게 될지, 부모이기 전에 인생을 먼저 산 선배로서 고민해 본다면, 이 책을 자녀에게 선물할 이유가 분명해질 것이다.

김지윤 Ustory&좋은연애연구소 소장, 『모녀의 세계』 저자

청소년일 때 나는 성과 관련된 고민으로 몹시 힘들었다. 어른들은 성을 감춰야 하는 것, 두려운 것, 음란한 것으로만 이야기했고 교회는 이 고민에 죄책감을 가득 부어 주었다. 그 시기에 내게 필요했던 건 지혜로운 통찰이 실린 적절한 조언이었으나 당시에는 누구도 이런 이야기를 하지 않았다. 그런데 이제 시대가 바뀌었다. 우리 자녀들은 나와 같지 않았으면 한다. 김경아 작가의 『청소년이 성을 알면 달라지는 것들』은 몸과 마음이 성숙해지며 낯선 고민을 안게 되는 청소년들에게 좋은 길잡이가 되어 줄 것이다.

문경민 소설가, 『훌훌』 저자

성은 청소년들의 가장 큰 관심이자 고민이다. 이들에게 성에 대해서 가르쳐 주겠다는 사람들과 매체도 넘쳐 난다. 어떤 이야기는 맞는 말 같지만 너무 답답하고 고루하다. 어떤 이야기는 매력적이지만 불안해 보인다. 이 책은 청소년들이 정말 궁금해하는 질문에 공감해 주고, 일방적으로 가르치기보다 함께 답을 찾아 가며, 그들의 고민에 공감하지만 때로 분명한 기준으로 엄격하게 꾸짖어 준다. 청소년들에게 필요한 가르침이 잘 담긴 책이다.

정병오 좋은교사운동 이사장, 서울시교육청 오디세이학교 교사

청소년이 성을 알면 달라지는 것들

IVP(InterVarsity Press)는
캠퍼스와 세상 속의 하나님 나라 운동을 지향하는
IVF(InterVarsity Christian Fellowship)의 출판부로
생각하는 그리스도인을 위한 문서 운동을 실천합니다.

청소년이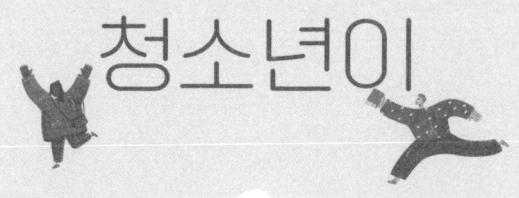

몸, 마음, 관계에서 나를 찾아 가는 성교육

성을 알면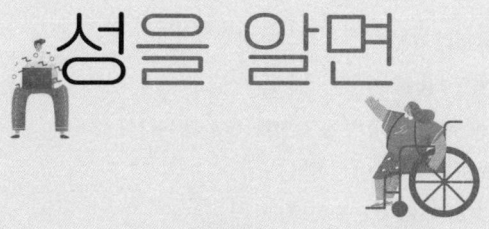

김경아

달라지는 것들

Ivp

차례

들어가는 글   9

　몸과 마음의 소통 | 성교육이란 무엇일까? |
　진짜와 가짜 | 지피지기 백전불태

1부. 나를 알고 사랑하기

1. 나는 사랑받는 존재   23

　자존감의 중요성 | 자기 자신을 사랑하기

2. 몸과 마음을 알기   33

　내 몸, 네 몸 | 사춘기 몸의 변화 | 남자와 여자의 성기 |
　사춘기 뇌는 공사 중 | 자위

3. 비교하지 않기   57

2부. 상대방을 이해하고 존중하기

4. 여자와 남자, 달라도 괜찮아   63

　본질주의자와 구성주의자의 대화 | 젠더란? |
　남자는 이렇고, 여자는 저렇다 | 젠더 감수성을 키우기 |
　세상이 달라지는 중

5. 조금 다른 사람들   97

  여성과 남성 그리고 간성 | 성별 정체성과 성적 지향 |
  동성애는 죄일까?

6. 그래도 되는 건 없다   109

3부. 행복하게 함께 살기

7. 서로 좋은 것을 찾기   119

  데이트, 어떻게 할까? | 스킨십, 어떻게 할까? |
  성관계 | 피임과 책임

8. 위험한 성을 경계하기   145

  동의를 구하기 | 그루밍 성범죄 | 성폭력

9. 온라인 세상을 판단하고 분별하기   157

  온라인 세상에서 일어날 수 있는 일들 | 디지털 리터러시가 필요해

나가는 글   171

  경계를 존중하기 | 좋은 결정을 하기

감사의 글   183

주   185

추천 도서   189

• **일러두기**
이 책에 실린 노래 가사는 한국음악저작권협회(KOMCA)의 허락을 받아 인용하였습니다.

들어가는 글

몸과 마음의 소통

'성'(性)이란 무엇일까요?

여러분은 성 하면 어떤 단어나 느낌, 생각이나 이미지가 떠오르나요? 사람들은 보통 성 하면 '섹스'(sex)를 떠올리죠. 그래서 이 단어를 입 밖으로 꺼내기도 부끄러워하고 어색해합니다. 지금 여러분이 있는 곳에서 '성은 이것이다'라고 표현할 수 있을 만한 물건을 하나 선택해 보고, 다음 페이지의 빈칸에 적어 보세요. 왜 그 물건을 골랐는지 간단한 이유도 함께 적으면 더 좋겠지요.

성을 물건에 비유한다면?

(예: 스케치북, 향초 등)

어떤 친구는 성이 아무것도 그리지 않은 스케치북과 비슷하다고 생각했어요. 성은 어떻게 그려 가느냐에 따라 아름다울 수도, 엉망이 될 수도 있다고요. 다른 친구는 향초를 꼽았어요. 향초를 켜면 좋은 향이 나는데, 잘못하면 손을 델 수도 있어서 성이 연상된다고 하더군요.

그 밖에도 성이라는 단어를 들으면 우리 머릿속에 떠오르는 단어가 많아요. '데이트, 애정, 성관계, 임신, 생명, 출산, 성 평등' 같은 긍정적인 단어들도 떠오르고, '음란물, 포르노, 성희롱, 성추행, 성폭행, 성 상품화, 성매매, 성차별' 같은 부정적인 단어들도 떠오를 거예요. 이처럼 성은 정말 다양한 얼굴을 가지고 있고, 우리 삶에 아주 깊숙이 연관되어 있어요.

◆ ◆ ◆

'성'(性)이라는 글자의 한자를 들여다보면 마음을 뜻하는 '심'(忄)에 '생'(生)이 합쳐져 있어요. '생'(生)이라는 글자에는 '태어나다, 낳다, 살아 있다, 삶' 등의 뜻이 있고요. 즉, '생'은 우리가 한평생 지니고 사는 몸, 그리고 몸으로 하는 행위까지 포함해요. 이 두 가지가 모여 글자를 이루는 데서 알 수 있듯이, 성은 몸과 마음의 이야기예요.

우리의 몸과 마음은 서로 영향을 주고받습니다. 몸이 아프면 마음도 축 처져요. 불쾌하거나 속상한 일을 겪어서 스트레스를 받으면 면역력이 약해져서 몸이 병에 걸리기도 쉽고요. 그런가 하면 우리는 다양한 인간관계 속에서 몸으로 사랑을 표현합니다. 처음 만나는 사람과는 고개 숙여 인사하거나 악수를 하죠. 반가운 친척을 만나면 진하게 포옹을 하기도 해요.

연애할 때는 이보다 더 깊이 몸으로 사랑을 표현합니다 (이걸 '스킨십'이라고 부를게요). 손을 잡고 어깨를 감싸고, 허리에 팔을 두르고, 더 나아가 뽀뽀, 키스, 어루만지기 같은 다양한 스킨십을 해요. 좋아하는 사람과 적절하게 스킨십을 하면 '옥시토신'을 비롯한 좋은 호르몬이 분비되어서 건강에도 좋다는 연구 결과가 있어요. 이처럼 원인과 결과를 따지기 힘들 정도로 몸과 마음은 연결되어 있어요.

성의 또 다른 핵심적인 부분은 관계예요. 아무리 돈이 많고 출세해도 가족이나 친구, 주변 사람과의 관계가 나쁘다면 삶의 의미가 있을까요? 그래서 우리는 성관계를 하기 전에 먼저 좋은 인간관계를 맺을 줄 알아야 합니다. 인간관계가 이처럼 중요한 것이기 때문에, 모든 종교는 인간관계의 '황금률'(황금처럼 귀한 법칙)을 강조합니다. 기독교의 성경에도 나와요. "너희는 남에게 대접을 받고자 하는 대로 남을 대접하여라"(누가복음 6장 31절). 내가 중요하면 남도 소중한 거예요. 우리는 자기 자신을 보호하면서, 타인이 원하는 것은 인정하고, 바라지 않는 것은 강요하지 않는 관계의 기술을 익혀야 해요. 그것을 '경계 존중'이라고 불러요. 관계에서 서로 이해하고 소통하는 능력이 가장 먼저 자리 잡아야 진정한 즐거움과 행복을 맛볼 수 있답니다.

성교육이란 무엇일까?

여러분은 학교에서 성교육을 받지요? 여러 책을 통해서도 성에 대해 이것저것 배울 수 있죠. 그런데 우리말로는 똑같은 성(性)이지만, 영어사전에서 성이라는 단어를 찾으면 '섹스'(sex)와 '젠더'(gender)라는 두 단어가 나와요. 섹스는 생물학적 성을 의미하고 젠더는 사회문화적 성을 의미합니다. 성을 올바르게 알려면 이 둘을 아울러서 이해해야 해요. 두 단어는 서로 다른 뜻을 가지고 있지만 관련이 깊어요.

   우리는 성장하면서 내 몸이 어떤 변화를 겪는지 알고, 내 몸과 다른 성별의 몸은 어떤지 배워야 해요. 건강하고 안전한 성적 행동에 대해서도 배워야 합니다(생물학적 성). 그뿐 아니라, 어떻게 하면 성별로 인한 차별과 폭력이 없는 성 평등한 인간관계를 맺을 수 있는지 알아야 해요. 여성, 남성을 떠나 진정한 나다움을 살펴보는 능력도 키워야 하고요(사회문화적 성). 그래서 성교육은 생물학적 몸에 대한 교육만이 아니라 크게는 '나는 누구이고, 나와 다른 너는 누구이며, 우리는 어떻게 함께 살아야 하나'를 생각해 보는 교육입니다. 이 책에서 우리는 '섹스'와 '젠더'를 모두 살펴보려고 합니다.

들어가는 글

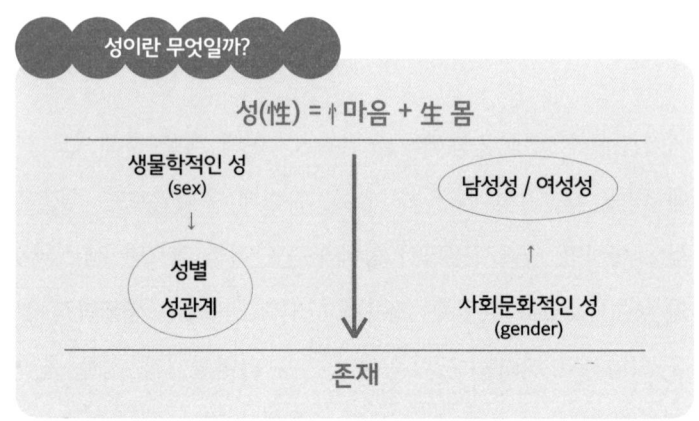

사람은 누구나 사랑하고 사랑받고 싶은 갈망을 지니고 있어요. 좋아하는 사람이 생기면 그 사람의 마음을 얻으려고 애를 쓰며 그에게 잘 보이고 싶어 합니다. 만나기로 한 약속을 앞두고는 가슴이 설레고, 의도한 대로 관계가 풀리지 않으면 애를 태워요. 처음 손을 잡은 날, 첫 키스를 나눈 날은 세상을 다 얻은 것처럼 행복하죠. 신뢰를 쌓아 가며 관계를 다지고, 가정을 이룰 준비가 되면 평생 서로를 위해 헌신하겠다는 서약을 하며 결혼합니다. 그 후 부부는 성관계를 통해 여러분처럼 사랑스럽고 귀하고 반짝반짝 빛이 나는 아이를 얻어요. 우리는 평생 성과 관련되어 있는 성적인 존재입니다.

부모님 눈에는 아직도 어리게만 보이겠지만, 여러분 역시 성적인 존재입니다. 성적인 욕구가 생기는 건 이상한 것도 아니고 죄를 짓는 것도 아니에요. 여러분은 자기 안에 있는 성적인 욕구를 인정하면서 때와 장소에 걸맞게 표현하는 사람으로 성장해야 해요. 그렇게 할 수 있습니다. 어두운 밤, 인터넷 세상 속에서 무분별하게 아무거나 흡수하지 말고 일상의 밝은 빛 아래에서 올바르게 성을 배웁시다. 성에 관한 수많은 정보와 지식을 읽어 내는 관점과 가치관이 필요해요. 이는 청소년 시기에 갖추어야 할 관점 중 단연코 영순위의 과제라고 생각합니다.

진짜와 가짜

'위조지폐 감별사'라는 직업이 있어요. 그 감별사가 위조지폐와 진짜 화폐를 구별하기 위해서 어떤 훈련을 할까요? 계속해서 업그레이드되는 수많은 가짜 화폐의 종류를 다 외울까요? 아닙니다. 이와 반대로, 그들은 진짜 화폐의 특징을 확실히 알기 위해 반복해서 훈련한다고 합니다. 진짜를 제대로 익히면 어떤 위조지폐도 쉽게 분별할 수 있다는군요. 성도 이와 같은 이치로 이해하면 됩니다. 진짜 성이 무엇인지 확실히 알면 가짜를 구별할 수 있게 돼요.

    성의 중요한 특징에는 쾌락이 있어요. 자기를 기분 좋게, 즐겁게 만드니까 사람들이 성을 찾는 거겠죠. 그러나 본받지 말아야 할 '가짜 성'의 모습이 있어요. 영화나 드라마에서처럼 클럽에서 춤을 추다가 갑자기 호텔로 가서 섹스를 하고, 이름도 성도 모른 채 '쿨하게' 헤어지는 것 같은 성관계가 있지요. 어떤 사람은 돈을 주고 다른 사람의 성을 사서 정해진 시간만큼, 자기가 돈을 낸 만큼, 사람의 성을 물건처럼 소비합니다. "내가 돈을 냈으니 어떻게 하더라도 내 말에 따라야 해!"라고 강요하기도 하죠. 이런 성관계는 도덕적으로도 법적으로도 옳지 않아요. 또한 누군가의 몸을 몰래 촬영해서 자신의 성적 욕구를 푸는 대상으로 삼는 일도 벌어지지요. 이 모든 것은 가짜 성입니다.

    하나님은 우리의 몸이 성적 쾌감을 경험하도록 우리를 지으셨어요. 우리가 사랑하는 이와 성적 즐거움을 누리는 것을 기뻐하세요. 나를 지으시고 아시는 하나님이 즐기라고 선물로 주신 것이니 성은 그분의 작품입니다(창세기 1장 28절). 이 선물을 잘 누리려면 성적인 쾌락에 사랑과 생명이 함께 가야 합니다. 사랑은 빠지고 쾌락만 추구하는 성, 생명의 존재를

부인하는 성은 '진짜 성'이 아니에요.

진짜 성은 그 누구도 대체할 수 없는 자신만의 아름다움을 소중하게 여기는 데서 출발합니다. 귀중한 자기 몸에 대한 주체성을 기르고, 당장의 짧은 즐거움보다는 나를 위해 가장 좋은 길을 찾아 절제할 줄 알아야 해요. 또한 진짜 성은 다른 사람들에게 무례하지 않게 행하는 것입니다. 차이를 빌미로 차별하지 않고, 다수의 사람들과는 조금 다른 소수자들과 함께 살아가는 법을 배우고 익히는 거예요. 이런 진짜 성을 배우고 실천하는 것은 시대적 과제이자 세계 시민으로서의 교양입니다. 더군다나 하나님의 사랑을 전하는 기독교인이라면 진짜 성을 실천하는 데 더더욱 앞장서야겠죠.

지피지기 백전불태

"지피지기면 백전백승이다"라는 말, 들어 본 적 있나요? 『손자병법』이라는 책에 나온다는 유명한 구절인데요. 이 책은 전쟁에서 잘 싸워 이기려면 어떻게 해야 하는지를 적어 놓은 방대한 분량의 중국 책인데, 사실 정확한 구절은 "지피지기(知彼知己)면 백전불태(百戰不殆)니라"입니다. '백승'(백번 이긴다)이 아니라 '불태'(위태롭지 않다)죠. 적을 알고 나를 알면(지피지기) 백번을 싸워도 위태로울 것이 없다(백전불태)는 뜻이에요. 모든 싸움에서 이길 수 있는 승리의 법칙은 존재하지 않는다는 것을 초등학생도 알아요.

우리는 살면서 실수하기도 하고 실패하기도 해요. 어떤 일을 저질러서 혹은 무슨 일을 하지 않아서, 자책하고 좌절하고 무너질 때가 있습니다. 그럴 때 정말 힘들죠. 쥐구멍에라도 숨어 버리고 싶고, 우주로 날아가 버리고 싶기도 합니다. 하지만 여러분, 절망과 좌절이 늘 나쁜 것만은 아니에요. 실수와 실패를 깨닫고 인정하고 결과에 책임지고, 다음번에는 같은 실수를 저지르지 않으려고 애쓰는 게 성장하는 길이에요. 될 대로 되라고 자신을 놓아 버리지 않아야 해요. 우리 삶은 생각보다 꽤 길어요.

저는 성교육 강사로 일하면서 성 문제로 아픔을 겪은 사람들, 실수하고 실패한 이들을 많이 만났어요. 여러분이 이 책을 읽으면서 성이 무엇인지 알고, 특히 자기 자신을 알기를 바라요. 어떻게 하면 내가 성적인 존재로 잘 살아갈 수 있을지, 남자와 여자로서 어떤 사람이 되어야 하는지, 서로 다른 성별의 사람들이 어떻게 함께 살아가야 하는지 곰곰이 생각해 보기로 해요. 특히 기독교인들에게는 변하지 않는 사실이 하나 있는데요, 바로 어떤 것도 우리를 하나님의 사랑에서 끊을 수 없다는 하나님의 약속이에요. 하나님의 사랑에 의지해 우리는 언제나 '백전불태' 할 수 있어요. 그럼 이제 본격적으로 지피지기, 성을 알고 나를 알아봅시다.

1부

나를 알고 사랑하기

각자의 몸을 가지고

이 세상에 오신 여러분을

진심으로 환영합니다!

1. 나는 사랑받는 존재

자존감의 중요성

성에 관한 책이라고 해서 호기심을 갖고 읽기 시작했는데, 첫 장 제목이 '나는 사랑받는 존재'라니요. 이게 대체 성교육과 무슨 상관이 있는 건지 의아한가요?

우리는 나에게 의미 있는 다른 사람과 연결되어 있다는 느낌을 원하고, 소속감이 필요하며, 꾸미지 않고 온전히 사랑하고 사랑받고 싶어 해요. 남자도 여자도, 어린아이도 어른도 근본적으로 같은 것을 원해요. 많은 사람이 연예인의 팬이 되어 소위 '덕질'을 하는 것도 이런 욕구 때문일 거예요. 이런 갈망을 채움 받지 못하면 마음에 상처를 입기도 하죠.

그래서 어떤 사람은 아예 사랑받고자 하는 욕구를 억누르고 무시하려 하기도 해요. 하지만 한번 차분하게 자기 자신을 들여다보세요. 우리는 사랑받고 싶어서 무슨 일이든 하려고 한답니다.

여러분보다 어린 나이였을 때부터 저를 힘들게 한 질문이 있었어요. '나는 사랑으로 태어났을까?' 제 부모님은 진짜 많이 싸우셨어요. 말로도 싸우고 물건을 던지면서 싸우고 물리적인 폭력이 오가기도 했어요. 어느 날, 학교에서 집에 돌아왔는데 집안 살림살이는 난장판이 되어 있고, 어머니는 얼굴에 멍이 든 채 울고 계셨어요.

서로 사랑하지 않는 부모님을 보며 '두 분은 사랑으로 나를 낳았을까? 사랑으로 태어나지 않은 나는 과연 소중한가?'라는 질문을 스스로 했던 거예요. 저는 어릴 때 가족 때문에 정말 많이 울었어요. 가족이 행복하게 살게 해 달라고 언제나 기도했어요. 저는 잔뜩 긴장하고 주눅이 든 채로 어린 시절을 보냈어요.

지금 생각해 보면, 부모님이 사이가 안 좋다고 해서 저까지 불행하게 살 필요는 없었어요. 하지만 그때는 부모님의 인생과 내 인생을 분리해서 생각할 수가 없었죠. 심지어 내가 착하게 지내고 공부도 잘하면, 부모님이 화해하고 우리 가족이 행복해지지 않을까 하는 생각도 했어요. 그래서 착한 아이로 성실하게 공부하며 살았어요. 사랑받고 싶어서였죠.

아이는 사랑받고 싶어서 나름대로 머리를 써요. 관심을 끌려고 해요. 그게 착한 행동으로 나타날 수도 있지만, 간혹 부정적 행동일 때도 있어요. 가장 먼저 부모님이 아이의 사랑받고 싶어 하는 마음을 잘 알아주면 참 좋겠지요. 하지만 인생이 그렇게 좋은 쪽으로만 흘러가지는 않아요. 이래서 사는 게 참 어려운 거예요. 그러다 보니 여러분 같은 아이들이 사랑받고 싶어 하는 마음을 이용하는 나쁜 어른들에게 속기도 해요. 이름과 생김새와 욕구를 더 잘 숨길 수 있는 온라인 공간에서는 속이고 속는 일이 훨씬 심하겠죠.

어느 날, 기사를 통해 온라인에서 여자아이들이 성적인 영상을 제공하고 상품권 등을 대가로 받는 일들이 있다는 소식을 접하게 되었어요. 아이들이 왜 이렇게 위험한 일을 할까요? 이 이야기를 듣고 제 딸은 이렇게 말했어요. "그렇게 해서라도 사랑받고 싶은 거잖아요. '너 참 예쁘다, 너를 사랑한다'라는 말을 듣고 싶어서라고요." 그 얘기를 듣는데 너무 가슴이 아프더라고요. 아이들의 문제가 아니라, 아이들의 취약성을 이용해서 아이들을 꼬드기는 나쁜 어른들의 잘못이 커요. 여러분도 사회생활을 해야 하니 돈이 필요하다는 거 알아요. 그런데 자기 몸을 찍어 누군가에게 보내는 게 단지 돈 때문만이 아니라 관심과 애정을 받고 싶은 이유라면, 이런 사건은 역설적으로 '자존감'이 얼마나 중요한지 보여 주는 것입니다.

자존감이란 자신을 소중하게 생각하고 존중하는 마음이에요. 자존감이 높은 사람은 다른 사람이 요구하는 대로 해 줘야 착한 사람이 되는 것이 아니고, 연예인의 외모와 비슷해야 사랑스러운 존재가 되는 것이 아니며, 내가 원하지 않으면 거절할 줄 아는 것이 진정한 자기 사랑임을 아는 사람입니다. 자존감은 굉장히 일찍부터 우리 내면에 뿌리를 내려요. 일차적으로는 부모님을 비롯해 아이를 둘러싼 사람들의 돌봄과 애정 속에서 형성됩니다.

부부가 서로 사랑하여 아이를 낳아요. 아이의 얼굴을 쓰다듬으며 "아이고, 이렇게 예쁜 아기가 어디서 왔나?"라고 감탄해요. 아이가 단풍잎 같은 손으로 부모의 손가락을 꼭 쥐면,

부모는 무슨 일이 있어도 이 아이만은 지키겠노라 사명감이 불끈 솟아요. 그래서 한동안 잠도 못 자고 잘 먹지도 못하면서 자기 앞에 있는 연약한 생명을 돌보려고 최선을 다해요. 아기는 누군가의 돌봄 없이는 살 수 없는 존재죠. 부모님(혹은 여러분의 주양육자)을 비롯한 주변 사람들 덕분에 여러분이 살아남을 수 있었습니다. 여러분은 이미 사랑받은 존재입니다.

충분한 사랑을 받은 아이는 자신을 귀하게 여길 줄 알고 자기가 사랑받을 만한 존재임을 인식하게 돼요. 이렇게 소중한 내가 하찮은 존재로 살면 안 되겠구나 생각합니다. 자기의 감정을 다스릴 줄 알게 되고, 성관계같이 중요한 결정을 충동적으로 하면 안 된다는 것을 배워요.

나를 진정으로, 온전히 사랑하는 것과 나를 이용하는 것을 구별하려면 지혜가 필요합니다. 이와 같이 여러분의 지혜가 자라길 간절히 기도할게요. 예수님의 동생으로 알려진 야고보 사도가 이렇게 말했거든요. "여러분 가운데 누구든지 지혜가 부족하거든, 모든 사람에게 아낌없이 주시고 나무라지 않으시는 하나님께 구하십시오. 그리하면 받을 것입니다" (야고보서 1장 5절).

자기 자신을 사랑하기

저는 기독교인이에요. 하나님이 사람의 몸을 입고 이 세상에 오셔서 목숨을 내놓을 만큼 우리를 사랑하셨음을 믿어요. 예수님을 통해 저는 하나님의 자녀가 되는 특권을 얻었어요. 그만큼 저는 소중한 존재입니다. 하나님은 저에게 부모님도 친구도 줄 수 없는 영원하고도 충만한 만족을 주신다고 약속하셨어요. 하나님은 가짜가 아닌 진짜 사랑을 주세요. 하나님은 지치지 않고 우리를 돌보고 사랑하세요. 적절한 햇빛과 바람과 비, 아름다운 꽃과 나무, 광활한 산과 바다가 우리에게 주어진 것은 우리가 무엇을 잘해서가 아니라 하나님이 거저 주시는 은혜입니다.

저는 제 믿음 안에서 매일 사랑받는 사람인 것을 기억하고 감사하려고 해요. "주님께서 내 장기를 창조하시고, 내 모태에서 나를 짜 맞추셨습니다. 내가 이렇게 빚어진 것이 오묘하고 주님께서 하신 일이 놀라워, 이 모든 일로 내가 주님께 감사를 드립니다"(시편 139편 13-14절). 그리고 내가 받은 사랑을 가족과 이웃과 사회에 나누려고 애를 쓰며 삽니다.

저뿐만 아니라 여러분도 이렇게 특별하게 사랑받는 존재

예요. 하지만 우리는 동시에 너무나 보잘것없기도 해요. 사람은 마치 먼지와도 같아요. 광대한 우주 속 지구라는 작은 행성에서, 눈 깜박할 정도의 짧은 시간을 살다가 먼지처럼 사라져요. 죽음을 피할 수 있는 사람은 아무도 없어요. 살아 있는 동안 우리는 자기만의 장점과 단점을 가지고, 자기만의 인생의 짐을 지고 살아요. 우리는 모두 내가 이 세상에서 정말 특별한 사람이라는 자만심과, 특별할 것 하나 없이 그저 그런 사람이라는 자괴감 사이를 오락가락 왔다 갔다 하면서 살지요. 그러니 섣불리 자만하거나 쉽사리 절망할 필요가 없어요. 나는 나로서 괜찮아요. 그리고 다른 누구나 역시 그대로 괜찮아요. 우리는 모두 자기 앞의 생을 사는 것이니까요.

윤미래라는 가수가 2007년에 발표한 "검은 행복"이라는 노래에는 흑인 아버지와 한국인 어머니 사이에서 태어나 자란 자기의 경험이 담겨 있어요. 주변 사람들은 다른 아이들에 비해 검은 윤미래의 피부색을 보고 수군댔다고 해요. 한국에 사는 대다수의 사람과 다른 생김새로 살아가는 것이 어땠을지 조금만 생각해 봐도 쉽게 짐작할 수 있듯이, 가사에는 어린 윤미래의 슬픔과 아픔이 잘 담겨 있어요. "내 눈가에는 항상 눈물이 고여. 어렸지만 엄마의 슬픔이 보여. 모든 게 나 때문인 것 같은 죄책감에, 하루에 수십 번도 넘게 난 내 얼굴을 씻어 내."

이랬던 그녀는 우연히 음악을 접했고 무대에 서는 기회를 얻게 되지요. 그녀는 이렇게 노래해요. "음악은 색깔을 몰라", "세상이 미울 때 음악이 나를 위로해 주네." 또한 이 노래는 말하죠. "You have to believe with all you heart that things will always get better"(모든 것이 늘 나아질 거라고 마음 다해 믿어야 해). "Sometimes it's hard to see all the good things in your life, but you gotta be strong and you gotta hold on and love yourself"(때로 네 삶에서 좋은 것을 보기가 어려울지 몰라. 그러나 강해져야 해. 버텨 내고 자신을 사랑해야 해).

어려운 환경에서도 잘 성장해서 이웃에게 사랑을 베풀면서 사는 사람들이 있어요. 그런 사람들은 공통적으로 말해요. 자기 마음을 알아주고 조건 없이 이해해 준 사람이 (최소한 한 명은) 있었다고요. 이 세상에 단 한 사람이라도 나를 사랑해 주는 사람이 있다면, 또 내가 사랑할 사람이 있다면 우리는 계속 살아갈 수 있어요.

여러분 곁에도 그런 한 사람이 있나요? 여러분의 부모님이 기꺼이, 기쁘게 그런 사람이 되어 줄 수 있겠죠. 또한 여러분의 가족이, 혹은 선생님이나 친구가 여러분 곁에서 그런 사람이 되어 주면 참 좋겠어요. 그리고 여러분도 누군가에게 그런 사람이 되어 주세요. 이렇게 얻은 내적 안정감이 실패를 딛고 일어날 동력이 되어, 여러분을 '백전불태' 할 수 있게 해 줄 거예요.

2. 몸과 마음을 알기

내 몸, 네 몸

아기가 태어나면 가장 먼저 성기 모양을 보고 성별을 확인합니다. 이것을 1차 성징이라고 해요. '성징'(性徵)이란 남녀를 구별하는 형태적 특징을 말해요. 음경을 가지고 태어나면 남자, 음순이 있으면 여자예요. 예전에는 여자아이가 태어나면 '고추'가 없다고 어르신들이 아쉬워하셨어요. 그러나 여자는 고추가 없는 게 아니고 음순이 있는 것이지요. 여자와 남자는 '서로 다른' 것을 가진 귀한 생명입니다.

우리가 누군가를 처음 만날 때 종종 가장 먼저, 가장 빨리 인식하는 게 성별이에요. 앞의 "들어가는 글"에서 'sex'라는 단어에 '성별'이라는 뜻이 있다고 했어요. 요즘은 중성적인 이름을 많이 짓기도 하지만, 보통 아이 이름을 지을 때는 대개 성별을 염두에 두고 지어요. '언니'나 '형'처럼, 어떤 사람을 부르는 호칭에도 성별이 드러납니다. 옷이나 헤어스타일로도 성별을 짐작할 수 있고요. 우리는 남자나 여자라는 몸을 통하여 자기 자신을 이해하고 다른 사람과 관계를 맺어요. 우리 자신과 성별을 따로 떼어 생각하기란 거의 불가능해요. 이처럼 성별은 개인의 정체성에 주요한 역할을 하죠. 그렇다면 우리의 성별은 어떻게 결정될까요?

어떤 생물의 '유전 정보'(부모가 자식에게 물려주는 특징들)는 '유전자'에 저장되어 있는데요. '염색체'는 이 유전 정보를 담아 전달하는 역할을 해요. 남녀의 성관계를 통해 정자와 난자가 만나 수정되면 태아가 되는데, 이때 정자와 난자에 각각 들어 있는 성염색체(XY)가 결합해서 성별을 결정합니다. 난자의 X염색체가 정자의 X염색체와 만나면 여자아이(XX)가 되고, 정자의 Y염색체와 결합하면 남자아이(XY)가 되는 것이죠.

그러나 유전자만 성별을 결정짓는 것은 아닙니다. 남성 호르몬도 큰 영향을 미쳐요. 태아의 성기는 남자든 여자든 처음에는 여자아이의 모습을 하고 있어요. 수정 후 6-8주가

지나면 남자아이의 경우 XY염색체가 작용하면서 남성 호르몬인 테스토스테론이 생성됩니다. 이 테스토스테론은 남자와 여자를 구별하는 중요한 차이를 만드는데, 바로 고환과 음경을 생겨나게 합니다. 생김새가 사뭇 다른 남녀의 성기는 이런 과정을 거쳐서 만들어져요.

사춘기 몸의 변화

사춘기를 뜻하는 영어 단어 'puberty'는 '성기에 나는 털'이라는 의미를 가진 단어 'pubes'에서 왔어요. 사춘기(思春期)라는 한자는 '봄을 생각하는 시기'라는 뜻이고요. 봄이 오면 꽃이 활짝 피듯이, 사춘기는 몸과 마음이 꽃처럼 활짝 피고 아이에서 어른으로 성장해 가는 과정입니다. 한편으로는 사춘기의 몸을 '경험 없는 사령관이 지휘하는 군대' 같다고 표현한 사람도 있어요. 이처럼 급격한 변화를 겪는 시기이니 사춘기의 여러분이 얼마나 혼란스럽겠어요!

　사춘기에 들어와 있는 여러분, 현재 어떤 상태에 있는지 생각나는 대로 적어 볼까요? 몸에 전과 달라진 부분이 있는지, 혹은 요즘 자기 마음이 예전 같지 않은 점이 있는지, 주변의 친구나 가족들과의 관계에서 변한 부분이 있는지 등을 다음 빈칸에 적어 보세요.

사춘기의 몸과 마음과 관계

몸의 변화
(예: 겨드랑이에 털이 난다.)

마음의 변화
(예: 별것 아닌 일에 짜증이 난다.)

관계의 변화
(예: 부모님보다는 친구들과 노는 시간이 더 재미있다.)

우리 몸에서 나오는 호르몬이라는 물질은 몸을 안정된 상태로 유지해 줍니다. 성 호르몬도 다양한 호르몬 중의 하나예요. 남자보다는 적은 양이지만 여자에게도 남성 호르몬이 분비되고, 남자의 몸에도 여성 호르몬이 나옵니다. 앞에서 아기가 태어나면 성기 모양으로 성별을 구분하는데, 이것을 '1차 성징'이라고 부른다고 했지요? 생후 4개월경부터 사춘기 전까지는 남자아이와 여자아이의 성 관련 호르몬 수치가 다르지 않아요. 그러다 사춘기에 접어들면 남자의 고환에서는 남성 호르몬이, 여자의 난소에서는 여성 호르몬이 폭발적으로 분비되죠. 그러면서 전에는 없던 것들이 몸 이곳저곳에 생겨나는 것을 '2차 성징'이라고 해요. 그러면 남자와 여자의 2차 성징에는 어떤 특징이 있을까요?

남자와 여자의 2차 성징

테스토스테론으로 대표되는 남성 호르몬이 남자아이의 2차 성징에 관여합니다. 남자는 사춘기가 되면 목소리가 유난히 낮아지거나 불안정해지는 변성기가 오고, 성기 주변과 겨드랑이에 털이 나고, 수염이 늘어나요. (여자의 겨드랑이와 성기 주위에 털이 나는 것도 남성 호르몬의 영향이에요.) 또한 생식기관이 커지고 성욕이 강해지며 근육과 뼈대도 굵어집니다.

남성 호르몬은 경쟁심이나 순간적 판단력, 탐험심과 모험심 등을 불러일으킨다고 알려져 있어요. 사춘기에 폭발적으로 증가하여 10대 후반에 정점을 찍고 이후로는 서서히 감소하는 양상을 보여요. 같은 나이라도 사람에 따라 호르몬 분비량이 다를 수 있어요. 일반적인 성인 남자의 남성 호르몬 수치는 2.7-10.7밀리리터당 나노그램(ng/ml)이라고 합니다.[1]

한번은 어떤 남자 연예인이 근육을 키우려고 일부러 약물을 투여했다는 논란이 일었어요. 그래서 본인이 직접 나서 남성 호르몬 검사를 받았더니, 그가 같은 나이 기준 상위 1퍼센트에 해당한다고 의사가 설명하더라고요. 그러니 같은 남자라도 체형을 비롯한 외모의 특징이 다양할 수 있는 겁니다.

대표적인 여성 호르몬 에스트로겐은 여자아이의 2차 성징에 관여해요. 난소, 질, 나팔관, 자궁, 젖샘 등의 발달을 촉진하거나 유지하고 임신, 출산, 육아에도 영향을 끼치죠. 에스트로겐의 영향으로 대략 한 달에 한 번 난소에서 난자가 나오고(배란), 정자와 만나 수정이 일어나지 않으면 몸에서 배출되어 월경을 해요. 이런 순환이 일반적으로 30년 이상 반복됩니다. 여성 호르몬은 포물선 모양을 그리며 높아졌다 낮아지기를 반복하면서 몸과 마음에 여러 증상을 일으켜요.

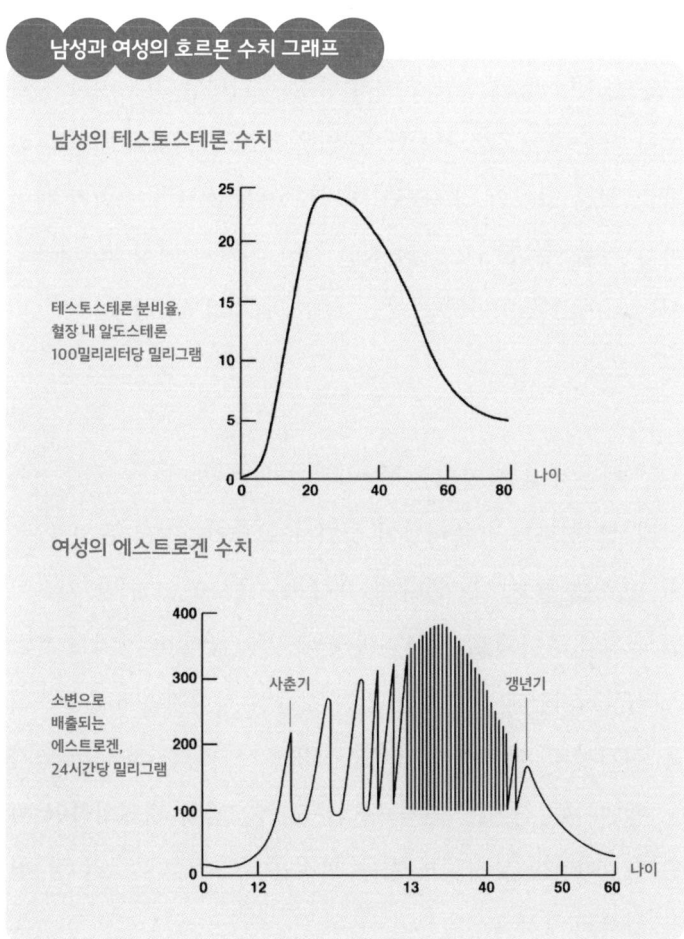

2. 몸과 마음을 알기

배란 때 배란통을 느끼는 여자도 있고요. 월경 전이나 월경할 때나 월경이 끝날 때 피부에 문제가 생기거나, 식욕이 상승하거나 식욕이 없거나, 어지럽거나 우울하거나, 달거나 자극적인 음식이 당기는 등의 여러 증상이 나타납니다. 여자의 일생에 여성 호르몬은 무시할 수 없을 정도로 핵심적 역할을 맡아요. 물론 남자의 경우처럼, 여자도 여성 호르몬 수치가 사람마다 다를 수 있어요. 일반적인 성인 여자의 여성 호르몬 수치는 40-400밀리리터당 피코그램(pg/ml) 정도입니다.

'갱년기'라는 말, 들어 본 적 있지요? 갱년기는 사춘기와 달리 성 호르몬의 분비량이 급격하게 줄어들면서 몸과 마음의 변화를 겪는 시기입니다. 특히 여자는 약 30년간 지속하던 월경이 중단돼요. 사춘기는 전에 없던 것들이 생겨서 혼란스러운 시기인데, 갱년기는 있던 것들이 사라지면서 혼란스러운 시기지요. 여자에게 더 눈에 띄게 나타나긴 하지만, 남자도 갱년기를 겪어요. 만약 여러분의 부모님이 갱년기라면 사춘기인 여러분 못지않게 힘든 과정을 겪고 있다는 걸 한 번쯤 생각해 주세요.

이렇게 사람의 몸은 계속해서 변해요. 다만 모든 사람이 이런 변화를 똑같이 겪지는 않아요. 사춘기를 겪는 시기나 사춘기 때 나타나는 증상, 갱년기 시기와 증상 등은 큰 틀에서는 비슷하지만 사람마다 다르답니다.

남자와 여자의 성기

이번에는 남자와 여자의 성기를 살펴볼까요?

남자의 성기

남자의 성기에서 눈에 보이는 부분은 음경과 음낭이에요. 음낭 속에 고환이 양쪽으로 두 개가 있고, 아기씨인 정자를 만드는 정소가 고환 안에 있어요. 정자는 열에 약하기 때문에 고환의 온도는 체온보다 2-3도 낮게 유지해야 해요. 그래서 고환이 몸에서 멀리 있는 거예요. 음낭은 날씨가 춥거나 긴장하면 오그라들고, 더울 때는 늘어나서 열을 발산시켜요. 스스로 온도 조절을 하는 거죠. 또 고환끼리 서로 부딪쳐서 열이 나면 안 되니까 한쪽 고환이 다른 쪽 고환보다 조금 아래에 있어요. 꽉 끼는 속옷이나 바지를 입으면 아무래도 고환

남자의 성기

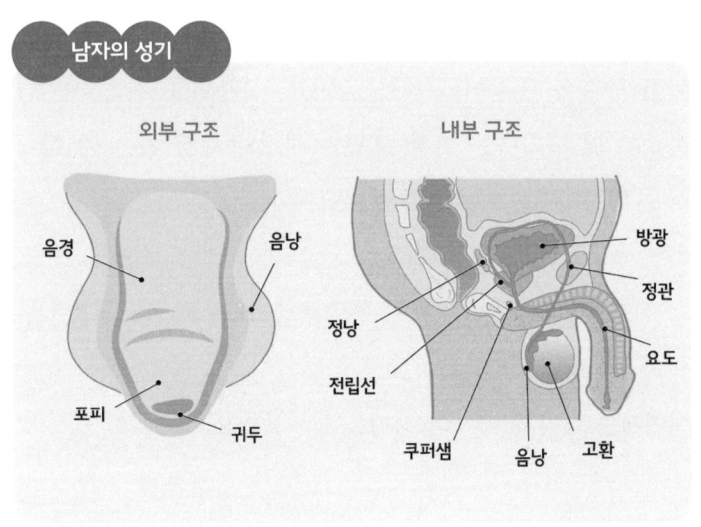

의 온도 조절이 잘 안 되겠죠.

　음경은 해면체라는 발기 조직으로 되어 있고, 그 속의 얇은 혈관들에 혈액이 들어차면 크고 단단해져요. 이것을 '발기'라고 합니다. 음경 안에는 요도가 있는데 이곳에서 방광에 있는 소변을 내보낼 뿐만 아니라 정자를 내보내기도 해요. 음경에서 정액이 나오는 걸 '사정'이라고 해요. 남자는 한 번 사정할 때 평균적으로 2-6밀리리터 정도의 정액을 배출하는데(상황에 따라 달라져요), 보통 1밀리리터에 6천-1억 개의 정자가 들어 있어요. 사춘기에 접어들면 성적으로 흥분했는지 아닌지와 상관없이 몽정(수면 중 정액이 흘러나오는 현상)이나 유정(깨어 있을 때 정액이 나오는 현상)을 경험하기도 합니다.

어떤 중학교 1학년 남학생이 학교에서 쉬는 시간에 자기도 모르게 발기가 되었던 모양이에요. 체육복을 입고 있어서 발기된 음경이 옷 밖으로 표시가 났어요. 그러니 이 남학생이 얼마나 당황스러웠겠어요. 이것을 본 몇몇 여학생이 "변태"라고 수군거렸어요. 이때 사춘기 남자아이의 발기는 몸이 자라는 과정에 일어날 수 있는 현상임을 알고 있던 한 여학생이 나서서, 여학생들에게는 그 아이가 변태라서 그런 게 아니라고 알려 주고, 남학생에게는 자기 허리에 두르고 있던 체육복 상의를 풀어서 덮어 주었다고 해요. 제 막내딸 이야기인데요. 이처럼 올바른 정보와 배려가 있다면 단순한 신체 변화로 인해 생기는 불필요한 갈등을 막을 수 있겠죠.

남자 청소년들은 종종 음경의 크기와 관련해 질문합니다. 그런데 생김새와 길이, 피부색, 굵기까지 사람마다 모두 달라요. 한국 남성의 평균 음경 길이는 평상시에는 약 7-9센티미터, 발기하면 약 10-13센티미터입니다.[2] 음경의 크기는 키나 몸집과는 상관이 없고, 태아였을 때 받은 테스토스테론의 양과 유전자가 결정해요.

어릴 때 아버지나 할아버지 같은 어른들의 벗은 몸을 보고 자신의 음경이 작다고 느낄 수 있어요. 혹은 화장실에서 친구 음경과 비교하거나 음란물에 등장하는 남자들과도 비교하죠. 하지만 음란물 속 남자는 약물이나 보형물을 이용해서 음경을 비정상적으로 크게 만들기도 해요. 남자 성기는 커야 좋은 것이고 여자들도 좋아할 것이라는 생각은 편견입니다. 음경의 크기나 모양보다는 상대방을 배려하는 성품이 훨씬 중요하답니다.

음경의 귀두와 포피 사이에는 치구(smegma)라고 부르는 분비물이 쉽게 낍니다. 내버려 두면 안 좋은 냄새도 나고 음경에 염증을 일으킬 수도 있어요. 깨끗하게 관리하려면 샤워를 할 때 음경 포피를 무리가 가지 않게 약간 위로 잡아 올린 상태에서 미지근한 물로 씻어 주면 돼요. 그런데 예전에는 아예 귀두 부분을 덮고 있는 포피를 잘라내는 '포경 수술'을 하는 게 관행이었어요. 신생아 때 수술을 시키기도 했고, 청소년기에 수술을 받는 경우도 많았죠.

음경을 깨끗하게 관리하기 위해 포경 수술이 효과적이

라는 의견이 여전히 있지만, 이제는 포경 수술을 반대하는 의견이 더 많아요. 물론 성인이 되어서도 귀두와 포피가 잘 분리되지 않으면 수술이 필요한 경우도 있대요. 하지만 포피가 남성에게는 '제1의 성감대'(자극을 가하면 성적 쾌감을 느끼는 신체의 부분)인데 굳이 잘라 낼 이유가 없다고 해요. 그렇다고 이미 포경 수술을 받은 청소년들, 좌절하지 마세요. 귀두와 포피, 음경만이 성감대는 아니에요. 성적인 만족감은 성기 감각이 전부가 아닙니다.

여자의 성기

여자의 성기는 음순이라고 해요. 겉으로 보이는 외부 성기 가장 바깥쪽에 있는 대(大, 크다)음순이 음핵과 요도, 질의 입구를 덮고 있어요. 대음순 안쪽 좌우에는 소(小, 작다)음순이라 불리는 얇은 피부 주름이 있어서 질 안으로 나쁜 세균이 들어가지 못하게 막아 주죠. 남자의 음경처럼 여자의 음핵도 발기 조직입니다. 음핵은 요도 입구 윗부분에 자리 잡고 있어요. 겉으로 보이는 부위는 콩알만큼 작지만 음핵에는 음경의 세 배가 넘는 말초 신경이 분포해 있습니다. 음핵이 음경보다 훨씬 더 자극에 민감하다는 뜻이에요. 두 발기 조직은 성적인 즐거움에 핵심적인 역할을 해요.

자기 소음순이 비대칭이라서 걱정된다고 말한 여자 청소년이 있었어요. 간혹 의학적 이유(걸을 때 소음순이 쓸려서 상처가 난다거나 하는 경우)로 수술이 필요한 경우도 있긴 하답니다. 그러나 비대칭 자체는 정상이며 전혀 문제가 되지 않아요. 영국의 예술가 제이미 매카트니(Jamie McCartney)가 2011년에 여성 소음순을 석고로 본떠서 만든 "The Great Wall of Vagina"(질의 위대한 벽)라는 작품을 만들어 전시회를 열었어요. 이 작품을 보면, 프로젝트에 참여한 여성들의 음순 모양은 모두 제

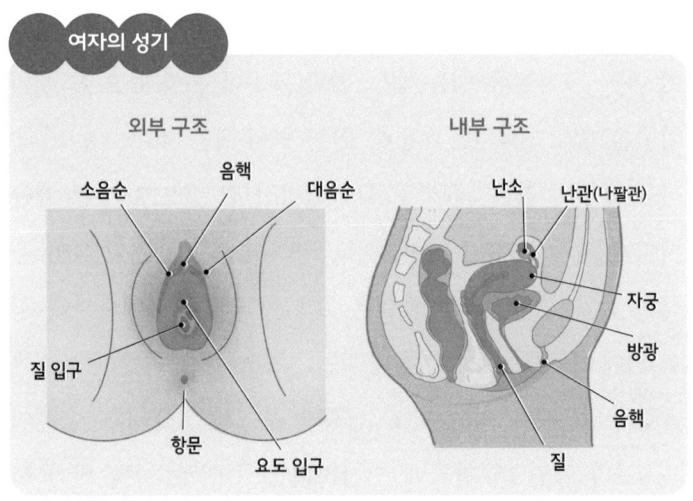

여자의 성기

1부. 나를 알고 사랑하기

각각입니다. 100명의 여성이 있다면 100가지 소음순 모양이 있는 거예요.

요도는 소변이 나오는 길이고 항문은 대변이 나오는 길인데, 그 사이에 질이 있어요. 질을 통해서 월경할 때 피가 나오고 출산할 때 아기가 나와요. 질에 세균이 들어가지 않도록 대변을 보고 나서는 앞에서 뒤로 닦는 게 좋아요. 질은 아기가 자라는 곳인 자궁의 문(자궁 경부)까지 이어져 있어요. 자궁은 자기 주먹보다 조금 작은 크기로, 배꼽보다 한 뼘 아래에 있고요. 사춘기가 되면 팬티에 끈적끈적한 액이 묻어 있는 걸 볼 수 있는데, 너무 걱정하지 않아도 됩니다. '냉'이라는 것인데, 곧 월경을 할 거라는 몸의 신호예요.

자궁 양쪽에는 난소가 있고 거기서 한 달에 한 번씩 성숙한 난자를 내보내요. 그러면서 자궁은 아기가 튼튼하게 자랄 수 있는 환경을 만들기 위해 자궁의 안쪽 벽을 이루는 내막이 두꺼워져요. 임신이 되지 않으면 자궁이 원래 상태로 돌아가기 위해 두꺼워진 자궁 내막이 떨어져 나가 배출되는데, 이 과정이 바로 월경입니다. 그래서 월경혈에는 죽은 난자와 정맥피와 자궁 내막 조직들이 섞여 있어요. 건강한 상태라면 28-30일(혹은 그 이상) 정도의 주기로 규칙적인 월경을 해요. 월경을 며칠 동안 하는지는 사람마다 다른데, 보통 3-7일 정도예요. 자기가 며칠 주기로 월경하는지(월경 주기) 아는 것은 건강을 관리하는 데 도움이 돼요.

월경할 때는 생리대를 사용하죠. 보통 일회용 생리대를 많이 사용하는데, 건강과 환경을 생각해서 면으로 된 생리대를 사용하는 사람도 늘고 있어요. 질 안에 삽입하는 '탐폰'은 일회용 생리대와 마찬가지로 월경혈을 흡수해요. 그런데 질 벽이 건조해지거나 상처가 날 수 있어서 잘못하면 독성 쇼크 증후군의 위험이 있어요. 몸에 장시간 넣은 채로 두면 안 되고(최대 여덟 시간) 지나치게 자주 사용하지 마세요.

실리콘으로 만들어진 생리컵도 질 안에 삽입해서 월경혈을 받아 내는 도구입니다. 생리대를 오래 착용하면 피부가 가렵거나 따가운데 생리컵은 그런 문제가 없죠. 반영구적으로 사용할 수 있어서 비용도 절약되고요. 하지만 생리대와는 달리 생리컵은 적응이 필요해요. 자신의 질 크기에 맞는 생리컵을 찾기까지 비용 부담이 있고, 생리컵을 처음 질 속에 넣기도 쉽지는 않아요. 하지만 일단 익숙해지면 생리컵이 편리하고 자유로워서 좋다는 사람도 많아요. 다만 질 안에 들어가는 거니까 사용 전과 사용 후, 끓는 물에 소독해서 잘 관리해야 합니다.

월경할 때는 몸이 처지거나 피곤하거나 신경이 예민해져요. 가슴이 커지고, 어지럽거나 집중이 잘 안 되기도 하고요. 이런 현상을 '월경 전 증후군'이라고도 부르는데요, 열 명 중 여덟 명 이상이 경험한다고 해요. 아랫배가 좀 아픈 월경통은 정상입니다. 너무 아플 땐 진통제의 도움을 받으세요. 약의 부작용을 걱정하며 진통제를 먹지 않다 보면 통증으로 인해 스트레스를 받을 수 있고, 그게 진통제보다 몸에 더 해로울 수 있으니까요. 하루 복용 기준만 잘 따르면 됩니다. 몸을 따뜻하게 해 주고요. 하지만 일상생활이 힘들 만큼 월경통이 심하다면, 어떤 경우에는 자궁에 혹이 생겼거나 뭔가 문제가 생긴 것 수도 있으니 병원에 가서 도움을 받도록 해요. 산부인과에 가는 것은 부끄러운 일이 아닙니다.

◆ ◆ ◆

혹시 여자의 성기 특정 부위를 '처녀막'이라고 부르는 것을 들어 본 적이 있나요? 예전에는 '질 하단부에 위치하여 질

2. 몸과 마음을 알기

입구를 부분적으로 혹은 완전히 폐쇄하는 주름 또는 막 모양의 섬유 조직'을 처녀막이라고 부르기도 했답니다. 이름에 '처녀'라는 단어가 들어갔죠? 전통적인 가부장제 사회에서는 결혼 후 첫날밤에 여자의 처녀막이 찢어지면서 피가 나와야 순결한 여자라고 여겼고, 피가 나오지 않을 경우는 '처녀'가 아니라고 의심하기도 했습니다.

요즘도 간혹 이 용어를 쓰는 곳이 있지만, 처녀막은 사실 그 이름과는 달리 닫혀 있는 '막'이 아닙니다. 간혹 막처럼 존재하기도 하지만 극히 드물죠. 정말 막과 같이 막힌 경우에는 수술이 필요합니다. 그래야 월경혈이 나올 수 있을 테니까요. 처녀막은 없어요. 질주름(혹은 질근육)이 있을 뿐입니다. 2009년 스웨덴에서는 '처녀막'이라는 명칭을 폐지했어요. 질주름은 여자의 성기가 그러하듯 개인마다 모양이 천차만별입니다. 그러니 질 안에 탐폰이나 생리컵을 넣으면 처녀막이 없어지는 게 아닌가 하는 걱정은 안 해도 돼요.

사춘기 뇌는 공사 중

사춘기에는 마음도 달라져요. 별것 아닌 일에 크게 짜증이

나기도 합니다. 가족과 보내는 시간이 시들하게 느껴지고, 친구와 함께 있는 시간이 더 편하고 좋기도 해요. 호르몬 분비만이 아니라 뇌의 변화도 사춘기 여러분의 삶에 영향을 끼쳐요. 사춘기 청소년의 뇌는 성인의 뇌와 크기에선 차이가 없어요. 다만 사춘기 뇌는 동시에 골고루 발달하지 않아요.

〈인사이드 아웃〉이라는 영화를 본 적이 있나요?[3] 이 영화에는 기쁨이(Joy), 슬픔이(Sadness), 버럭이(Anger), 까칠이(Disgust), 소심이(Fear) 등 다섯 가지 감정이 의인화되어 등장하는데요. 심리학자들과 뇌과학자들의 도움을 받아서 만들어져, 상상력이 뛰어나면서도 현실성이 있다는 평가를 받았어요. 이 영화에 빗대어 말해 보면, 우리 뇌의 '편도체'는 버럭이, 까칠이, 소심이가 사는 곳이에요. 즉각적이고 강렬한 감정을 처리하는 뇌 부위입니다. '전전두엽 피질'에선 신중히 생각하고, 계획을 짜고, 이해하고, 반성하는 기능을 하죠. 그런데 사춘기 뇌는 편도체에 비해 전전두엽 피질의 성숙이 더디답니다. 이와 같은 불균형이 사춘기 뇌의 특징이에요.

그래서 사춘기에는 감정과 본능에 더 민감하고, 쉽게 흥분하거나 좌절하게 돼요. 부모님이 별생각 없이 던진 말에 화가 나거나 울게 되는 게 다 이런 이유 때문이라네요. 전전두

엽의 신경세포는 성인, 보통 20대 중반이 되어서야 기본적 연결망이 완성됩니다. 말하자면 사춘기 뇌는 '공사 중'이에요. 몸과 마음에 이런 엄청난 변화를 겪는데, 학교와 집과 학원을 오가며 대부분의 시간을 책상에 앉아 있어야 하는 여러분, 정말 고생이 많네요.

여러분의 뇌 안에 자리 잡은 기쁨이, 슬픔이, 버럭이, 까칠이, 소심이는 지금 어때요? 최근에 기쁨이가 즐거워할 만한 일이 있었나요? 친구가 내 말을 오해해서 슬픔이가 울고 있진 않나요? 언제 버럭이가 버럭 화를 냈죠? 부모님 앞에서 까칠이가 불쑥 튀어나온 적은 없나요? 혹 다음 주에 예정된 영어 수행평가 때문에 소심이가 떨고 있나요? 내 뇌에 있는 다섯 가지 감정과 관련된 나의 현재 상황을 적어 봅시다.

다섯 가지 감정과 나의 상황

- 기쁨이:

- 슬픔이:

- 버럭이:

- 까칠이:

- 소심이:

자위

아이는 태아 때부터 자기 몸을 만지고 빨면서 놀아요. 태어난 이후에도 특유의 유연함으로 몸을 가지고 놉니다. 그러다가 성기를 만지면 다른 신체 부위와는 다른 독특한 짜릿함을 느낄 수 있다는 것을 알게 되고, 이것이 자위로 이어집니다. 우리 몸은 자극에 반응하고, 쾌감을 느껴요. 여자든 남자든 자위를 할 수 있어요. 하지 않을 수도 있고요. 자위는 전적으로 개인의 선택입니다. 다른 아이들이 한다고 굳이 따라서 할 필요는 없어요.

예전에는 자위 때문에 배출되는 정액은 혈액처럼 소중하다고 말하는 사람도 있었고, 특히 교회에서는 자위가 죄라고 가르쳤어요. 그런 교육을 받아서 자위로 인해 죄책감을 느끼고 자위를 하고 싶은 마음이 드는 자신을 학대하는 사람도 있더라고요. 그러나 성적인 욕구는 자연스러운 거예요. 이제 자위를 병리 현상이라고 말하는 의사도 거의 없는 것 같아요. 충분히 있을 수 있는 쾌락 본능이긴 하나, 다만 지나치지 말 것을 조언합니다. 욕구는 나쁜 것이 아니지만, 잘 사용하지 못하면 나쁜 것이 될 수도 있거든요.

자위 행위는 스스로 자신을 즐겁게 하는 행위이지만, 너무 자주 많이 하게 되면 지나치게 성감이 개발된다는 걸 명심하세요. 우리는 자극에 적응하는 존재예요. 다음번에는 지난번보다 더 큰 자극을 원하게 돼요. 지나친 자위는 몸과 일상생활에 문제를 일으켜요. 온 에너지를 자위에 쏟아붓게 되니 그럴 만도 하죠. 즐거움도 지나치면 부작용이 생기는 거예요.

무엇이든지 적절하게 하는 것, 이것을 훈련할 필요가 있어요. 그렇다면 얼마만큼이 적절한 수준일까요? 밥을 먹고

잠을 자고 학교에 가고 숙제를 하고 친구와 노는, 이런 일상 생활이 불가능할 정도로 자위가 생각나고 언제 어디서나 하고 싶어진다면, 전문가의 상담을 받아 보기를 권합니다. 여러분의 마음이나 사회생활에 문제가 있는데, 거기서 오는 스트레스가 자위라는 현상으로 드러난 것일 수도 있어요. 현상보다 문제의 원인 자체를 풀어야 합니다. 그러니 부모님에게 도움을 요청하세요. 여러분을 사랑으로 도와줄 어른의 도움을 받으세요.[4]

건강한 자위를 위해서는 다음의 몇 가지 사항을 기억하세요. 첫째, 성적 행동은 프라이버시이므로, 편안하고 느긋한 장소와 시간을 택해 죄책감을 느끼지 말고 하세요. 가족이 갑자기 들어오면 난처할 수도 있으니 문을 잠그는 게 좋겠죠? 둘째, 성기에 너무 강한 자극을 가하지 마세요. 딱딱한 방바닥이나 도구를 이용해서 성기를 자극하면 성기가 다칠수도 있어요. 내 몸의 건강을 해치는 행동은 하지 않아야 해요. 셋째, 음란물을 보면서 자위하지 마세요. 영상을 끄고 몸의 감각에 집중하세요. 특히 남자들의 경우 음란물을 보면서 빠르게 사정하는 방식에 익숙해지면, 조루(너무 빠른 사정)나 지루(너무 늦은 사정) 같은 신체적 증상으로 이어지기도 합니다. 그러면 어른이 되어 진짜 사랑하는 사람과 건강하고 행복한 성관계를 하는 데 어려움이 생겨요. 자위하기 전에 손을 깨끗이 씻고, 자위 후에 뒤처리를 잘하는 것은 기본 중의 기본입니다.

여러분의 성적인 긴장을 자위로만 풀어야 하는 것은 아니에요. 그림이나 음악 같은 예술 활동으로, 산책이나 달리기, 농구, 춤 같은 다양한 신체 활동으로, 봉사활동처럼 의미 있는 시간으로 여러분의 성적 에너지를 발산할 수 있습니다. 나를 이해해 주는 친구들과 즐거운 시간을 보내는 것도 좋고요. 물론 이런 것들로 긴장이 완벽하게 해소되기는 어려울 거예요. 그래도 창조적인 활동으로 기분을 전환하는 것이 자위에만 몰두하는 것보다는 삶에 도움이 될 겁니다. 우리, 성욕에 끌려다니는 사람이 아니라 다스리고 관리하는 사람이 되기로 해요.

3. 비교하지 않기

너무 큰 것도 고민이고 너무 작은 것도 고민이고, 너무 강한 것도 고민이고 너무 약한 것도 고민인 여러분, 이 세상 70억 인구 중에 나와 생김새가 같은 사람은 아무도 없어요. 몸에 털이 많이 날 수도 많이 나지 않을 수도 있어요. 가슴 크기가 A컵일 수도 C컵일 수도 있어요. 내 친구와 내 음경의 크기도 다를 수 있지요. 각 사람은 개별적으로 독특합니다. 그러니 나의 외모를 다른 누군가와 비교하는 건 아무 의미가 없어요. 게다가 나이와 성별이 같더라도 사람마다 성장 속도가 조금씩 다릅니다. 성장은 청소년기에 끝나는 것이 아니라 20대 이후에도 얼마간 계속돼요. 초등학교 때 일찍 키가 컸던 사람 중에 성인이 되어서는 키가 작은 경우도 있습니다.

시험에서 좋은 성적을 받는 것만이 성취가 아닙니다. 몸이 자라는 것도 내가 이룰 수 있는 하나의 성취입니다. 다만 내 몸은 나만의 모양, 나만의 성장 속도를 가지고 있어요. 자신의 몸을 다른 사람과 비교하여 위축될 필요는 없어요. 남과 달라도 문제없어요. 정신건강의학과 의사 김현수 선생님은 "몸에 대한 자존감은 인격에 대한 자존감이다"라고 말했어요. 자신의 몸을 긍정적으로 바라보는 것이 자존감 형성에 매우 중요해요. 자기 그대로의 모습을 사랑하고 고마워하는 데서 자존감이 나옵니다.

안타깝게도 외모는 인종이나 성별, 종교, 이념 등에 이어 새로운 차별 요소가 되었어요. '외모지상주의'가 현실이 된 지 오래예요. 외모로 평가받기 쉬운 사회에서 자신의 고유한 가치를 지키기가 어려운 게 사실이지요. 그럴수록, 지금처럼 외모에 신경 쓰는 문화에서는 더욱더 "내 모습 그대로 좋다"고 자신에게 지속적으로 얘기해 주세요. 여러분 자신이 스스로를 믿어 주어야 해요. 각자의 몸을 가지고 이 세상에 오신 여러분을 진심으로 환영합니다!

그리고 그거 아세요? 사실 다른 사람은 여러분의 몸에 그다지 관심이 없어요. 칭찬이든 비판이든 여러분이 어떤 사람인지 다 알아서 하는 말이 아니잖아요. 우리가 남의 평가 때문에 상처를 입곤 하는 건 사실이에요. 내가 잘못한 일 때문에 비판받는 거라면 고쳐서 더 나은 사람이 되면 되죠. 하지만 내 잘못도 아닌 일에, 나를 잘 모르는 사람이 하는 말은, 물론 쉽지는 않겠지만 무시하는 것도 나를 지키는 하나의 방법이에요.

남자든 여자든, 원하는 스타일대로 살 수 있어요. 잘 먹고 잘 쉬고 운동하면서 자신의 매력을 찾아 가면 좋겠어요. 여러분은 자위를 할 수도 있고 안 할 수도 있어요. 친구가 성관계를 해 보았다고 뻐긴다고 해서 내가 해야 할 필요도, 이유도 없어요. 비교하지 마세요. 여러분에게 가장 유리하고 좋은 쪽을 택하세요. 나에게 최선의 때를 기다리기로 해요.

비교해서 불행에 빠지지 말아요. 내가 바꿀 수 없는 것에 매달려 에너지 소비하지 말고요. '행복은 강도가 아니라 빈도'라고 해요. 내가 더 멋져지거나 예뻐지는 행복을 기다릴 게 아니라, 지금 내게 주어진 것에 대해 감사하는 연습을 자주 해 보기로 해요. "풀꽃"이라는 시를 지은 나태주 시인이 한 방송 프로그램에 출연했을 때, 이 시에 대해 이렇게 설명했어요. "그냥 대충 보면 안 예쁘고 안 사랑스러우니까 자세히 보고 오래 보는 겁니다." 세상이 말하는 기준으로 대충 보면 우리도 안 예쁘고 안 사랑스러울 수 있어요. 그러니 여러분, 자기 자신을 자세히 보고 오래 보아 주세요. 지구상에 하나밖에 없는 여러분의 아름다움을 누가 대신할 수 있겠어요!

2부

상대방을 이해하고 존중하기

사람이 사람을 차별하고 배제하고
혐오하는 문화가 일상이 되지 않도록,
그래도 되는 건 없다고 목소리를 내 주세요.

4. 여자와 남자, 달라도 괜찮아

본질주의자와 구성주의자의 대화

앞에서 여자와 남자의 생물학적 차이에 대해 살펴보았어요. 여자와 남자는 같은가요, 다른가요? 답이 너무 뻔한 질문이죠. 여자와 남자는 달라요. 그런데 다르면 무엇이 다를까요? 남자와 여자의 차이는 어디에서 비롯하는 걸까요? 여자와 남자가 생물학적으로 다른 건 사실이지만, 그 차이는 실제로 얼마나 될까요? 차이가 나니 어느 정도의 차별은 당연한 걸까요? 많은 과학자들이 이 문제를 가지고 연구하고 서로 다른 주장을 해 왔어요.

크게 '본질주의'와 '구성주의'로 나누어 각각의 이야기를 들어 볼게요. '본질주의'란 남자와 여자가 본질적으로 다르다는 측면을 강조하고, '구성주의'란 남자와 여자의 차이는 사회에 의해 만들어진다(구성된다)는 점을 강조해서 붙여진 이름입니다. 여자와 남자의 차이에 대한 두 관점 모두 사람을 이해하는 데 도움을 줍니다. 남자와 여자 사이에 존재하는 차이는 그 자체로 아무 문제가 되지 않아요. 오히려 서로 다르기 때문에 세상은 더 아름다워요. 차별을 정당화하기 위해 차이를 끌어들이지 않는 한은 말이죠. 여러분은 다음 중 어떤 과학자의 주장이 더 타당하다고 생각하시나요?

본질주의 과학자의 말

"남자와 여자는 분명히 다릅니다. 생물학, 의학 등 과학을 통해 남자와 여자가 다르다는 것을 알 수 있죠. 성경에도 하나님이 그렇게 창조하셨다고 나와 있잖아요. 성기의 모양뿐 아니라 염색체, 성 호르몬, 뇌 구조 같은 생물학적 차이 때문에 남자와 여자는 같은 사안에 대해서도 서로 다르게 인식합니다. 여자와 남자는 같은 문제에 서로 다른 가치를 부여하면서 세상을 다른 방식으로 봐요.

남녀의 뇌는 다양한 부위에서 차이를 보여요. 여자는 언어 및 청각과 관련된 뇌 부위의 신경세포가 남자보다 10퍼센트 더 많습니다. 그래서 여자는 남자보다 언어 능력이 뛰어나고 말을 더 잘하죠. 주변의 친구들을 봐도 그렇지 않나요? 또 여자는 뇌의 한 부위인 해마의 크기가 남성에 비해 상대적으로 더 큽니다. 해마는 특히 기억과 학습과 정서와 관련이 있어요. 그래서 여자들은 기억력이나 감정을 감지하고 표현하는 능력이 남자에 비해 더 뛰어나요.

반면에 편도체는 남자가 여자보다 더 커요. 편도체는 즉각적이고 강렬한 감정을 처리하는 뇌 부위지요. 남자가 부정적인 감정을 더 강하게 드러내는 이유가 바로 여기에 있어요. 그렇다면 이런 남녀의 뇌 차이는 어떻게 생긴 것일까요? 이는 유전자의 차이에다 어머니의 배 속에서 겪는 성 호르몬의 영향 때문이랍니다. 여자와 남자의 뇌가 얼마나 다른지 재미있는 연구 결과들이 속속 나오고 있어요."

구성주의 과학자의 말

"네, 말씀 잘 들었습니다. 구성주의 과학자도 남녀 차이가 존재한다는 것은 인정합니다. 자궁에서부터 염색체와 호르몬의 영향을 받아 생식기에 남녀 차이가 있다는 점을 부인하는 것은 아니에요. 그런데 호르몬이 뇌에 영향을 미치는 것은 맞지만, 뇌에서 바로 행동으로 이어진다는 것은 과장입니다. 본질주의자는 이렇게 말하죠. '남자와 여자는 본질적으로 다르지. 그 원인은 테스토스테론이야. 남녀 사이에 이렇게 근본적인 차이가 있으니 남자는 남자답게, 여자는 여자답게 그냥 내버려 두자.' 우리는 이 점을 비판하는 겁니다.

본질주의자들의 이론만 보면 어떻게 남자와 여자가 생물학적으로 다른데도 자주 비슷한 행동을 하는지, 혹은 같은 여자끼리도 왜 행동에 차이가 나는지 의문이 생길 수밖에 없어요. 남자와 여자라는 구분을 뛰어넘어 사람은 모두 다르죠. 그런데도 사람의 다양성을 오로지 성별의 차이로만 해석하는 것은 편협합니다.

게다가 본질주의적 관점에는 큰 허점이 있어요. 진화생물학자이자 생리학자인 조지 로메인스(George Romanes)는 남자보다 여자의 뇌 무게가 평균적으로 약 140그램 가볍기 때문에 여자의 지적 능력이 열등한 것이 확실하다고 말했어요. 게다가 그는 일반적으로 여자의 체력이 남자보다 튼튼하지 않아서 심각하거나 오래 지속해야 하는 뇌 활동을 견디기 힘들 것이라고도 했어요. 그러니 여자는 고도의 지적인 작업을 하기에는 부적합하다고요. 본질주의자들 중에는 경찰이나 군인 같은 직업군에 여자는 어울리지 않고, 심지어 그 일을 하지 못하게 해야 한다고 주장하는 사람도 있다니까요!"

젠더란?

본질주의자와 구성주의자와의 대화 잘 들으셨나요? 구성주의의 관점에서 '젠더'(사회문화적 성)라는 개념이 나옵니다. 남자와 여자는 타고난 특성이 있어요. 그런데 가정과 학교와 같은 사회 안에서 우리는 남자와 여자가 '어떠해야 한다'고 배웁니다. 남녀가 생물학적으로 다르다는 점을 부정하는 게 아니고요, 우리가 '여자는 이래야 해'(여성성/여성다움)라거나 '남자라면 저래야지'(남성성/남성다움)라고 말할 때, 왜 그런 말이 나왔고 그래서 어떤 결과를 만드는지 비판 의식을 갖고 살펴보자는 개념입니다.

성교육은 남자와 여자가 사랑하는 것에 대해서만 말하면 될 텐데, 왜 젠더를 알아야 할까요? 이 땅에서 남자와 여자는 평생 함께 살아가요. 여자와 남자가 좋은 친구로, 믿음직한 동료로, 사랑하는 애인으로, 부부로 행복하게 살아가려면 여자와 남자가 어떤 틀 속에서 특정한 성별로 교육받았는지 이해하는 게 필요해요. 이 틀을 '젠더 박스', '성별 고정관념'이라고 부릅니다. 우리는 나답게 살기 위해서도 젠더를 알아야 해요. 젠더가 우리의 태도와 행동에 영향을 끼치기 때문입니다.

◆ ◆ ◆

마거릿 미드(Margaret Mead)라는 학자가 있어요. '인류학의 어머니'라고도 불리는 미드는 20세기 초반에 남태평양에 있는 원시 부족들과 함께 생활하면서 그들의 삶을 연구했습니다. 뉴기니섬에서 만난 세 부족(아라페시족, 문두구모르족, 챔불리족)을 연구하고, 이를 바탕으로 1935년에 『세 부족사회에서의 성과 기질』이라는 책을 출간했는데요. 이 책에서 미드는 아라페시족과 문두구모르족은 남자와 여자라는 성별의 구분이 힘들 만큼 두 성이 비슷한 성격을 보였고, 챔불리족은 남자와 여자의 성 역할이 당시 미국 사회와는 반대되는 특징이 있다고 썼습니다. 이 같은 결과를 토대로, 미드는 사회에서 남녀의 역할은 정해져 있지 않고, 성별에 상관없이 자신이 원하는 일을 선택할 수 있다고 주장했어요.[1]

이러한 연구 결과에 미국 사람들은 깜짝 놀랐어요. 당시 미국인들은 남자는 밖에 나가 돈을 벌고 여자는 집에서 아이를 키우고 살림을 하는 것을 당연하게 여겼죠. 이와 다른 모습은 전혀 상상하지도 못했어요. 그런데 미드의 연구가 이 통념을 깨뜨린 거예요. 지금도 이런 고정관념을 가진 사람들이 많은데, 당시에는 이 주장이 얼마나 파격적이었겠어요! 세상을 혼란스럽게 만들었다고 미드를 비난한 사람들도 많았지만, 미드는 여성이 남성보다 능력이 부족하다는 기존의 편견을 깨는 데 큰 역할을 했습니다. 이처럼 여성성/남성성은 문화와 시대에 의해 결정되고 또 변하기도 해요.

19세기 말 서양의 그림들을 보면, 분홍색은 '열정과 용기'를 상징하는 빨강과 가까운 색깔이어서 남자들에게 사용되었어요. 반대로 '믿음과 지속성'의 상징인 파랑은 여자들의 색깔이었죠. 20세기 중반이 되어서야 지금과 같은 색깔 구별, 즉 남자는 파란색 계열, 여자는 분홍색 계열을 주로 사용하는 관습이 자리 잡았어요. 이처럼 젠더 박스(성별 고정관념)는 불변하고 고정된 진리처럼 작동하는 것이 아니라 변화합니다.

아이는 태어난 이후로 주변 사람들이 사용하는 단어와 표정과 몸짓을 통해 꾸준히 젠더의 단서를 발견합니다. 부모를 비롯하여 친척, 교사, 친구, 이웃 등 성장하면서 사회적 관계를 맺는 사람들에 의해 젠더에 대한 인식은 더욱 단단해지고요. 어른들은 남자아이가 남자답게, 여자아이가 여자답게 행동하면 칭찬하고, 정해진 젠더 박스를 벗어나 행동하면 혼내기도 하잖아요. 또한 미디어도 젠더에 대한 힌트들을 끊임없이 주입합니다.

그러면서 마침내 아이 스스로 여자아이에게 어울리는 옷, 남자아이에게 적합한 언어 습관 등으로 남녀를 분리하면서 어느 한쪽에 자리를 잡아 가요. 각각의 성별에 걸맞은 성역할이 있고 그 성별에 어울리는 행동을 하면서 가장 자기답게 성장한다고 생각하게 되죠. 또래 집단에서 소외될까 봐 강한 젠더 의식을 자기 것으로 만들기도 합니다. 유치원에 다니는 아이들이 "남자는 그런 옷 입는 거 아니야", "여자처럼 예쁘게 앉아야지"라고 얘기하는 것을 보면 참 신기해요.

◆ ◆ ◆

여기서 잠깐, 문제 한번 풀고 갈게요. 다음에 제시된 각각의 문장이 '성 차이, 성차별, 성 평등' 세 단어 중에 무엇을 의미하는지 적어 보세요.

'성 차이, 성차별, 성 평등' 구별하기

- 남자 목소리는 대개 여자보다 굵다. ( )
- 암탉이 울면 집안이 망한다. ( )
- 남자는 울면 안 된다. ( )
- 간호사는 여자가 해야 한다. ( )
- 소변 볼 때 여자는 앉아서, 남자는 서서 본다. ( )
- 남자든 여자든 자기 능력껏 재능을 펼칠 수 있다. ( )
- 남자는 아기를 낳을 수 없고 여자는 아기를 낳을 수 있다. ( )
- 남자 혹은 여자라는 이유로 차별받지 않고 똑같이 대우받는 것을 말한다. ( )
- 남자와 여자는 신체적 차이는 있으나 똑같이 중요한 사람이다. ( )

정답: 성 차이/성차별/성차별/성차별/성 차이/성 평등/성 차이/성 평등/성 평등

4. 여자와 남자, 달라도 괜찮아

여러분 모두 다 맞혔지요? 어떤 친구는 "우리 집에서는 남자, 여자 다 앉아서 소변 봐요!"라고 하더라고요. 네, 그럴 수도 있지요. 차이는 절대적이기도, 상대적이기도 하니까요. 여러분 모두 이 세 단어가 무슨 뜻인지 정확히 알고 있다면, 좀 더 깊숙이 들어가 볼게요.

남자는 이렇고, 여자는 저렇다

남자는 이래야지

"남자는 태어나서 세 번 운다", "남자가 부엌에 들어오면 고추 떨어진다." 제가 어렸을 때, 남자들에게 대표적으로 많이 하던 말입니다. 이뿐 아니죠. "남자애가 겁이 많네", "남자는 능력만 있으면 다 된다", "남자는 힘!", "남자는 매사에 주도적이어야 한다", "남자는 뭐든 잘해야 한다" 등, 어린이부터 노인에 이르기까지 남자들은 주로 힘, 돈, 능력과 관계된 말을 듣습니다.

한번은 지인이 초등학생 아들과 통화하는 것을 옆에서 들었어요. 무슨 일 때문인지 몰라도 전화기 너머에 있는 아이가 울었나 봐요. 그랬더니 그 어머니가 "뚝! 남자가 왜 울어?

여자애처럼 우는 거 아니야!'라고 하더군요. 본인도 여자면서 '여자애처럼' 울지 말라고 아들을 혼내는 걸 보고 있자니, 기분이 묘했어요. '여자애가 어때서 저렇게 얘기하지?'라는 생각도 들었지요. 울고 싶을 때 마음대로 울지 못하는 수화기 너머의 아들은 얼마나 속상했을까요.

남자아이들끼리 다른 남자아이를 놀릴 때 '여자애 같다' (혹은 이 의미를 가진 비속어도)라는 말을 종종 사용하죠? 다른 아이들에 비해 덩치가 작거나, 성격이 섬세하거나, 혹은 여자아이들이 좋아할 만한 놀이를 여자아이와 같이 하면 이렇게 놀리더라고요. 그 말을 들은 남자아이는 대부분 수치스러워하고요. 어떤 남자에게 '여자 같다'라고 말하는 건 칭찬은커녕 긍정적 의미가 전혀 없잖아요. 남자의 젠더 박스에서 조금만 벗어나도 여자 같다고 놀리고 비아냥대는 건 바람직하지 않아요.

한 초등학교 6학년 남자아이가 억울함을 털어놓았어요. "우리 반은요, 여자애들이 맨날 남자애들을 때려요. 여자애들이 얼마나 힘이 센데요. 진짜 아픈데도 그냥 맞고 있어야 돼요. 참고 참다가 한 번 되받아치면, 선생님이 '남자가 여자를 때리면 되느냐'고 오히려 혼을 낸단 말이에요. 너무 억울해요!"

진짜 억울할 것 같아요. 남자는 여자를 때리면 안 됩니다. 하지만 여자도 남자를 때리면 안 되죠. 멍이 들 만큼 맞을 때 어떻게 행동해야 남자다운 것일까요? 아파도 그냥 참는 것일까요? 아프면 아프다고 말하고 감정을 표현하는 것이 남자다움/여자다움을 떠나 인간다운 행동입니다.

또 다른 남학생은 이렇게 말했어요. "교실에서 책이 잔뜩 들어 있는 상자를 옮겨야 했어요. 그게 엄청 무거웠거든요. 제가 그 상자를 혼자 못 드니까 여자애들이 '남자가 왜 이렇게 힘이 없냐'고 놀렸어요. 기분이 무척 나빴어요. 사실 그 여자애들이 저보다 키도 크고 힘도 더 세다고요. 여자가 힘이 약할 땐 놀리지 않잖아요."

이 남학생 말이 맞아요. 성인이라면 같은 나이라도 대개 남자가 여자보다 키가 크고 힘도 세지요. 하지만 초등학생의 신체 발달 속도는 성인과 달라서, 여자아이가 남자아이보다 키가 크고 힘이 센 경우도 많습니다. 무조건 남자더러 여자를 때리지 말라거나 남자가 왜 힘이 없냐고 하는 말은 오히려 남자다움을 부정적으로 생각하게 만들어요.

우리 사회는 남자아이들이 화를 표현하는 것에는 비교적 관대하지만, 슬픔을 표현하면 남자답지 못하다고 말합니다. 그러다 보니 어른이 된 이후에도 슬픔과 화를 잘 구별하지 못해서, 슬퍼해야 할 일에 화를 내거나 엉뚱한 곳에 분노를 표출하는 일이 생겨요. 남자든 여자든, 사람은 마음을 나누고 살아야 합니다. 기분이 좋은지 슬픈지, 화가 나는지 즐거운지, 내 마음이 어떤지 말하는 것이 관계를 맺는 기본 방식이에요. 주변 사람들에게 나누지 못한 속마음은 병이 될 수도 있어요.

여자는 저래야지

여자들은 어떤 이야기를 들으며 자랄까요? "여자 목소리가 담장을 넘으면 안 된다", "여자는 얼굴만 예쁘면 된다", "남자는 여자 하기 나름이다", "여자는 수학을 잘 못 한다." 제가 어릴 적에 여자들에게는 이런 이야기를 많이 했어요. 여자들은 외모를 보기 좋게 꾸미라는 말을 듣고, 조신하게 행동하라는 가르침을 받아요.

남자도 마찬가지지만 특히 여자는 외모에 대해 여러 기준으로 평가받아요. 헤어스타일, 피부, 체형, 심지어 손톱과

발톱까지도 '미용'에서 자유롭지 않죠. 여자가 쇼트커트를 하거나 체중이 많이 나가면 부정적으로 바라보고, 심지어 성인이 되어 화장을 안 하면 '예의가 없다'는 비난을 듣기도 합니다. 어떤 대학생은 아르바이트 면접에서 화장부터 하고 오라는 지적을 받았다고 합니다. 어떤 회사는 여자 직원의 립스틱 색깔까지 정해 준다고 하네요. 화장하는 것이 실제 그 사람이 하는 일과는 무관한데도 말이죠.

대중매체는 끊임없이 여자 연예인의 외모를 부각하고 평가합니다. 그래서인지 여자아이들은 외모를 꾸미는 데 관심이 많아요. 실제로 화장을 시작하는 여자아이들의 나이가 점점 어려지는 것 같아요. 여러분 중에도 웬만한 뷰티 유튜버만큼이나 색조 화장을 잘하는 친구들도 있죠? 사진을 찍을 때는 어떻게든 얼굴을 작게 보이게 하려고 손으로 얼굴 대부분을 가리고, 더욱더 마른 체형을 원해서 다이어트를 하는 친구도 많고요.

물론 예쁘게 꾸미는 게 나쁜 일은 아닙니다. 자기를 돋보이려는 노력이 비난받을 일도 아니고요. 그런데 "예쁘다" 혹은 "예뻐야 한다"라는 말을 들으며 자란 여자들은 자기 몸에 대한 만족도와 자존감이 매우 긴밀하게 연결되어 있어요. 그래서 화장, 다이어트, 성형 등의 수단으로 자신감을 찾으려고 합니다. 자신의 외모에 만족하지 못할수록, 아름다움에 대한 천편일률적인 고정관념에 사로잡혀 있을수록, 외모 꾸미기는 집착이 될 수도 있어요.

여자에게 부과되는 언어 태도도 남자의 경우와 다릅니다. 여자는 하고 싶은 말을 부드럽게, 상냥하게 표현하라는 지적을 받습니다. 거기에 애교까지 더하면 더할 나위 없이 좋다고 하죠. 요즘은 많이 줄어들었지만, 예전에 텔레비전 예능 프로그램에서는 젊은 여성 연예인이 나오면 으레 애교를 보여 달라고 했잖아요. 사람이라면 당연히 타인을 배려하고 존중하는 언어 습관을 배우고 실천해야 하겠지만, 여자는 남자보다 좀 더 완곡한 어법을 사용하길 요구받는 것이죠.

실제로 성 평등과 여성의 목소리 톤 사이에 상관성이 있다는 연구들이 있어요. 호주의 한 연구팀이 1940년대와 1990년대 호주 젊은 여성들의 목소리를 비교 분석한 결과, 1990년대에 눈에 띌 만큼 여성들의 목소리 톤이 낮아진 것으로 나타났습니다. 연구팀은 여성들이 과거보다 공적 영역에 더 많이 진출하게 되면서, 높은 톤의 소위 '애교 섞인' 목소리로 말할 필요가 없어진 것으로 분석했어요.

남자아이들의 경우와 반대로, 여자아이들에게는 울음이 어느 정도 허용되는 반면 화를 표현하면 엄격한 반응에 부딪히기도 합니다. 이런 환경 속에서는 직설적으로 "안 돼", "싫어"라고 자기의 의사를 말하기보다는, 변명이나 사과의 말을 덧붙여서 상대의 기분을 상하지 않게 하거나 화를 돋우지 않으려 애쓰게 되죠. 싫다고 주장해야 할 때 싫다고 말하기가 쉽지 않다는 것입니다. 이런 언어 습관은 성적 행동에서도 이어지고 때로는 그것이 문제가 되기도 합니다.

그래도 최근에는 외모나 행동이 일반적으로 '예쁘다'라고 생각되던 틀에서 벗어나는 여자 연예인들이 많이 보여요. 그런 연예인들은 몸과 정신이 건강해서 좋은 에너지를 뿜어내고 있더군요. 대중 매체에는 그런 다양한 모습들이 더 많이 필요해요.

지금까지 우리 곁에, 우리 안에 있는 성별과 성 역할에 대한 고정관념 같은 젠더 박스를 살펴보았어요. 혹시 여러분도 살면서 이런 젠더 박스로 힘들었던 경험이 있다면 다음 빈칸에 적어 봅시다.

> **내가 겪었던 젠더 박스의 모습은?**
>
> (예: 남자애가 왜 그렇게 목소리가 작냐며 큰아버지에게 혼났을 때 기분이 나빴다. 목소리 크기는 사람마다 다른 건데 말이다.)

젠더 감수성을 키우기

성별과 성 역할에 대한 고정관념은 우리의 생각과 행동을 제한합니다. 내가 어떤 사람인지 또 내가 어떤 능력을 가지고 있는지 제대로 살필 기회를 주지 않고, 오직 성별에 따라 정해진 역할만 기대하며 좁은 울타리를 만들어요. 지금은 많은 부모님이 아들이든 딸이든 똑같이 학교와 학원에 보내고, 필요한 옷과 물건을 사 줍니다. 적어도 겉으로는 남자와 여자를 차별하지 않고 평등하게 키우는 문화지요. 하지만 우리 머릿속에는 여전히 '여자는 이러하고 남자는 저러해야 한다'는 인식이 강하게 자리 잡고 있어요. 서로 다르니까 다르게 대하는 것이 무슨 문제냐고 말할 수도 있으나, 차이를 인식하는 것이 차별을 불러오면 문제가 됩니다.

모든 사람에게는 피부색이나 국적, 성별, 종교 등과 관계없이 개인으로서 혹은 나라의 구성원으로서 마땅히 누리고 행사할 수 있는 기본적인 자유와 권리가 있어요. 이것을 '인권'이라고 부릅니다. 학생에게는 학생으로서의 인권이 있고, 선생님에게는 교사로서의 인권이 있죠. 일상생활에서 이런 기본적인 자유와 권리가 침해당하고 있지는 않은지 살피고, 더 나아가 인권 침해 문제가 생기면 해결을 위해 앞장서는 노력을 '인권 감수성'이라고 불러요. 특별히 장애인들의 어려움을 공감하고 이해하며 그들의 입장에서 제도를 개선하려는 노력을 '장애 감수성'이라고 부르고요. 성별 간의 불평등을 개선하려는 노력을 '젠더 감수성'이라 합니다.

젠더 감수성은 요즘 우리 사회의 뜨거운 이슈예요. 남자와 여자, 어른과 아이, 교사와 학생, 상사와 부하 직원 등 성별과 세대와 지위에 따른 젠더 감수성의 차이 때문에 곳곳에서 갈등이 벌어지고 있기 때문이에요.

이 단어는 '감수성'이라는 표현 때문에 오해를 받기도

해요. 감수성이라고 하니까 눈물이 많고 감정적이라는 느낌을 주죠? 그러나 여기서 언급하는 감수성이란, '그간 당연하다고 여겨 온 것이 과연 당연한 것일까?' 하고 의심해 보는 능력을 말해요. 무언가 잘못되었을 수도 있다는 문제의식이며, 당연하다고 여기는 관습이 누구에 의해 만들어졌는지 고민해 보는 태도를 가리킵니다. 지금 있는 제도를 누가 만들었고 그 제도 때문에 누가 피해를 당하고 있는지 역지사지(易地思之, 남과 처지를 바꾸어 생각함)해 보려는 노력을 말해요. 단순히 내 기분의 좋고 나쁨을 말하는 게 아니라는 말이죠. 내가 기분이 나쁘면 감수성이란 잣대를 가져다 붙이는 게 아닙니다. 감수성은 내 생각이나 판단도 오류일 수 있다는 가능성을 인정하고, 지속적으로 성찰하는 태도를 포함합니다. 그러니 겸손해야 감수성이 성장하겠죠.

제가 어릴 때는 크레파스의 '살구색'을 '살색'이라고 불렀어요. 그런데 이 색이 한국에 사는 많은 사람들의 피부색과 비슷하긴 하지만, 피부색이 이와는 전혀 다른 사람도 많잖아요. 그래서 색의 이름을 바꾸자는 의견이 나왔어요. 국가기술

표준원은 이 청원을 받아들여 2002년에 살색을 '연주황'으로 바꾸었답니다. 그러나 2004년에 여섯 명의 아이들이 연주황을 '살구색' 또는 '복숭아색' 같은 쉬운 표현으로 바꾸어 달라고 제안했습니다. 연주황은 한자 표기여서 어린이들이 그 뜻을 쉽게 알 수 없고 발음하기도 힘들다는 거죠. 그리하여 마침내 이 색의 이름이 지금과 같은 '살구색'이 되었어요.

우리가 '살색'이나 '연주황'이라는 단어를 사용할 때, 피부색과 나이로 특정한 사람들을 차별하려는 의도는 없었을 거예요. 하지만 다수가 당연하게 여기는 관습, 무심코 하는 말과 행동으로 인해 누군가 어려움을 겪는다면 그걸 개선해 보자는 문제의식이 바로 감수성입니다. 여러분도 어떤 영역에서든 누군가 차별당하고 있지는 않은지, 배제당하는 사람은 없는지 살펴보는 감수성을 키워 나가도록 해요. 지금 나는 다수에 속해 있을지 몰라도, 언젠가 내가 소수가 되어 다수로 인해 힘든 상황이 생길지 어찌 알겠어요.

선녀와 나무꾼 다시 읽기

『선녀와 나무꾼』이라는 전래 동화 알지요? 줄거리는 다음과 같습니다.

"살려 주세요!" 사슴이 사냥꾼의 추격을 피해 도망치다가 나무꾼을 만났어요. 마음씨 착한 나무꾼이 숨겨 줘서 사슴은 목숨을 구합니다. "고맙습니다, 나무꾼님." 사슴이 나무꾼에게 감사의 표시로 특급 비밀을 하나 알려 주죠. "저기 계곡에 가면 매일 밤 선녀들이 목욕하러 내려오는데, 날개옷 하나를 숨기면 그 선녀를 아내로 삼을 수 있어요." 나무꾼은 사슴이 말해 준 대로, 계곡에서 목욕하는 선녀들을 몰래 보고 있다가 날개옷 하나를 숨겨요. 목욕을 마친 후 옷이 사라진 한 선녀가 하늘에 올라가지 못하고 울고 있을 때, 짜잔, 나무꾼이 등장해서 마치 선녀를 위기에서 구해 주는 것처럼 자기 집으로 데려갑니다. 벌거벗은 채 혼자 남겨진 선녀는 목숨을 부지하고자 나무꾼을 따라갔겠죠. 그 후 선녀는 나무꾼과 살면서 두 아이(어떤 책에서는 세 아이)를 낳습니다. 하지만 결국 나무꾼이 숨겨 두었던 날개옷을 발견한 선녀는 아이들만 데리고 하늘로 올라가요.

이 동화는 보통 '은혜를 갚아야 한다, 착한 일을 하면 복을 받는다'와 같은 교훈을 주는 동화로 읽히곤 합니다. 그렇지만 이번에는 젠더 감수성을 발휘해, 선녀의 입장에서 이 동화를 다시 생각해 보고 다음 질문에 답을 적어 봅시다.

선녀와 나무꾼 다시 읽기

1. 나무꾼은 왜 사슴이 하라는 대로 했을까요?

2. 현실에서 누군가 목욕하는 장면을 몰래 보거나 촬영하면 어떻게 될까요?

3. 목욕을 마쳤는데 옷이 없어졌을 때, 선녀는 어떤 느낌이었을까요?

4. 선녀는 어떤 마음으로 나무꾼과 결혼하여 살았을까요?

5. 선녀는 왜 아이들을 데리고 하늘로 올라갔을까요?

6. 행복한 가정을 이루기 위해서는 무엇이 필요할까요?

7. 선녀와 나무꾼 이야기의 결말에 대해 어떻게 생각하나요?

위기에 처한 사슴이 은혜를 갚겠다고 가르쳐 준 행동은 절도예요. 초등학교 4학년 아이들의 80퍼센트가 이 동화에서 가장 나쁜 행동을 한 게 사슴이라고 대답했어요. 나쁜 짓을 하라고 부추겼으니 제일 나쁘다는 것이죠. 나무꾼은 자기가 옷을 숨겨 놓고 선녀를 속여서 데려갔으니 사기를 친 거고요. 남이 목욕하는 걸 몰래 보는 것은 시각적 성폭력입니다. 또한 나무꾼과의 관계가 애당초 진실하지 않았으니 선녀는 행복했을 리 없었겠죠. 입장을 바꾸어 생각해 보면, 선녀와 나무꾼은 여러 종류의 폭력이 등장하는 동화입니다.

60-70대 어르신들과 이 동화를 선녀 입장에서 다시 생각해 보는 워크숍을 진행한 적이 있어요. 많은 어르신들이 여

태 한 번도 선녀 입장에서 생각해 본 적이 없다고 하시며, 다른 사람의 입장에 서 보는 게 중요하다는 것을 깨달았다고 말씀하셨어요. 물론, 그래도 아이들만 데리고 떠난 선녀가 나쁘다고 욕한 분도 계셨어요. 선녀 입장에서 생각해 보는 게 그렇게 어려운 일인지, 제 마음이 다 슬프더라고요.

감수성으로 우리 주변을 살피기

이와 같은 방식으로 우리 주변을 한번 살펴볼게요. 문구점에서 파는 플라스틱 부채에 여자아이 그림과 함께 이런 글귀가 새겨져 있었습니다. "소고기도 타면 안 먹는데 까매진 나는 누가 데려가나." 이 문장을 젠더 감수성을 가지고 평가해 볼까요? 이 문장은 무슨 의미인지, 혹은 문제점으로 보이는 것이 있다면 다음 빈칸에 적어 보세요.

이 문장은 피부색이 어두운 여성을 비하하는 의미가 숨어 있는 문장으로, 피부색과 여성을 동시에 차별하고 있습니다. 또한 여성은 남자나 누가 '데려가 주는' 존재도 아니죠. 주체적으로 자기 삶을 뚜벅뚜벅 걸어가는 존재입니다. 이런 말을 하면 '웃자고 하는 농담에 죽자고 매달린다'라고 비아냥대는 사람들이 있어요. '이 정도의 농담도 못하면 어떻게 사냐'며, 오히려 문제를 제기한 사람이 너무 예민한 것 아니냐고 합니다. 그러나 농담으로 누군가를 차별하고 상처를 입힌다면, 그런 농담은 더 이상 농담이 아니에요. 다 같이 웃을 수 있을 때라야 유머요 농담이랍니다.

고속도로 휴게소에 가 본 적이 있나요? 예전에 고속도로 휴게소 화장실은 남자 화장실보다 여자 화장실 앞에서 기다리는 줄이 훨씬 길었어요. 우리나라만 그런 것이 아니어서, 외국에서도 공공 화장실에서 여자 줄이 더 긴 걸 보고 왜 이런 일이 반복해서 일어나는지 연구했어요. 그랬더니 남자 화장실과 여자 화장실의 변기 수는 같은데, 여자의 화장실 사용 시간이 남자에 비해 두 배 이상 길고 이용 횟수도 더 많다는 사실을 발견했어요. 또한, 대체로 어머니들이 어린아이들을 돌보다 보니 화장실에서 머무는 시간이 더 오래 걸릴 수밖에 없었던 거죠.

이러한 차이는 남녀 화장실을 '평등'하게 만든 결과였습니다. 평등하게 만들었으니 된 거 아닌가 하고 생각할 수 있겠죠. 하지만 어떤 제도나 공공 시설물을 만들 때는, 이를 실제 사용하는 사람들의 신체적 차이와 함께 사회문화적으로 젠더가 어떻게 작동하는지를 고려해야 해요. 그래서 지금은 공공 화장실의 여자 화장실 변기 수를 남자 화장실보다 최소 1.5배 많이 만들도록 법으로 규정하고 있어요.

많은 사람이 이용하는 지하철에는 손잡이가 달려 있지요. 일정한 높이로 매달린 경우가 대부분인데, 손잡이의 이 높이는 어떻게 정해졌을까요? 지하철마다 약간의 차이는 있지만, 평균 175-177센티미터인 성인 남자의 키 기준으로 만들어졌다고 합니다. 그러다 보니 그보다 키가 작은 남자와 여자 어른, 어린이 등이 사용하기 불편했어요.

손잡이 높이를 이렇게 하자고 결정한 사람들이 키 작은

사람들을 차별하려고 마음먹지는 않았을 것입니다. 이는 오랫동안 사회가 대체로 '성인 남자' 중심으로 많은 것들을 결정했다는 사실을 보여 주는 것이죠. 다른 성별과 다양한 신체 조건을 고려하자는 제안이 받아들여져, 현재는 많은 지하철 손잡이 높이가 낮아지고, 새로 만든 지하철에는 다양한 높이의 손잡이가 설치되어 있습니다.[2]

◆ ◆ ◆

또 여학생 교복이 무조건 치마만 있던 때도 있었어요. 치마로 된 교복은 움직임에 제약을 가하고, 추운 겨울에는 건강에도 좋지 않을 수 있지요. 이런 문제의식이 반영되어, 지금은 전국의 중학교 중에 '치마와 바지 선택권 조항'이 있는 학교가 73퍼센트라고 합니다.[3]

『훈의 시대』라는 책에서 300곳이 넘는 공립 고등학교의 교훈과 교가를 조사했는데요.[4] 여자 고등학교에는 '순결, 정숙, 예절, 배려, 사랑, 겸손'이라는 단어들이 많이 사용되었고, 남자 고등학교의 교훈과 교가에는 '단결, 용기, 개척, 책임, 명예, 열정' 등이 대다수였어요. 흥미롭게도, 각 성별에 많이 등장하는 단어들은 상대 성별에는 단 하나도 들어 있지 않았다고 합니다. 전통적으로 학교가 남학생과 여학생에게 각각 강조하는 것이 달랐던 것이죠. 그런데 2000년대 이후에 설립된 학교들은 남고와 여고가 구분되지 않을 만큼 교훈이 비슷해졌어요. 어떤 학교는 학부모와 졸업생들이 모여, 시대에 뒤떨어진 성 고정관념이 반영된 교훈과 교가를 바꾸거나 수정하기도 했습니다.

여러분 학교의 교훈은 무엇인가요? 여러분 반에 급훈이 있나요? 가정에 가훈이 있나요? 주위에서 볼 수 있는 다양한 '훈'(가르침)을 적어 보고, 여기에 성별에 대한 고정관념, 더 나아가 성차별적인 언어가 들어 있지는 않은지 살펴봅시다.

젠더 감수성으로 주변의 '훈' 살펴보기

(예: 우리 동네 여자고등학교의 교훈은 '사랑, 진실, 봉사'다. 성별 고정관념이 들어 있지 않아서 좋다.)

가정에서 시작되는 젠더 감수성

우리가 의식주를 해결하기 위해서는 돈을 벌어야 합니다. 이를 위해 회사에 다니는 사람도 있고요. 어떤 사람은 글을 쓰고, 어떤 사람은 그림을 그리고, 어떤 사람은 건물을 짓는 일로 돈을 벌어요. 다른 사람을 돕는 일로 돈을 버는 사람도 있습니다. 이런 일들은 집 밖에서 한다는 의미에서 '바깥일'이라고 할 수 있죠. 또한 우리는 식재료와 생활에 필요한 물건들을 구입하고, 음식을 만들고, 빨래를 하고, 쓰레기를 버리고, 청소를 해요. 집에 아이와 노인과 아픈 사람이 있으면 돌보아야 합니다. 이런 일들은 집 안에서 이루어지기 때문에 '집안일'이라고 합니다.

여러분 가정에서는 누가 바깥일과 집안일을 하나요? 어머니가 전업주부라면 아마도 어머니가 집안일을 가장 많이 할 거예요. 부모님이 모두 직장에 다니는 경우는 어떤가요? 그래도 어머니가 집안일을 가장 많이 하나요? 어머니가 집안일을 도맡아 하는 모습을 보면, 여러분 역시 집안일은 여자의 몫이라는 생각을 하기 쉬워요. 그러다 보니 아들보다는 딸에게 그런 역할이 기대되죠.

하지만 이제는 모두 성별을 따지지 말고 어려서부터 집안일과 바깥일의 균형감을 배우면서 자라야 합니다. 남편은 밖에서 돈을 벌고 아내는 집에서 가족을 돌보는, 전통적인 성 역할에 대한 사람들의 인식이 많이 바뀌었어요. 국가 경제나 사회의 모습이 달라지기도 했고요. 전통적인 성 역할대로 가정을 꾸려 가는 것이 문제라는 말은 아닙니다. 어떻게 역할 분담을 하는 것이 가족의 행복에 유리할지는 부부가 결정하면 되는 거죠. 다만 성 역할에 대한 유연한 태도가 가족이 함께 평화롭게 살아가는 데 큰 도움이 되는 것은 사실입니다. 아직 어려도, 가정에서 살림과 돌봄의 한 역할을 맡을 수 있어요.

여러분은 지금 가정에서 어떤 살림과 돌봄의 역할을 맡고 있나요? 또한 앞으로 어떤 일을 할 수 있을까요? 한번 생각해 보고 적어 보세요.

내가 가정에서 할 수 있는 살림과 돌봄은?

(예: 책상 치우기, 빨래 개기, 강아지 목욕시키기 등.)

세상이 달라지는 중

20여 년 전, 제 큰아이가 초등학교에 들어갔어요. 저희 부부는 같이 입학식에 갔습니다. 입학식을 마치고 운동장에서 담임선생님과 학부모들이 첫인사를 나누었는데요. 대부분이 어머니들이었고 아버지들도 두세 명 정도 있었어요. 그런데 담임선생님이 아버지들에게 큰 소리로 말하는 거예요. "아니, 아버지들은 왜 회사 안 가고 이런 데 오셨어요?" 저희 부부는 깜짝 놀랐습니다. 아버지가 아이 입학식에 오는 게 잘못이 아닌데 말이에요. 그리고 아이를 키우는 일은 어머니만의 일이 아니잖아요. 요즘 같으면 말도 안 되는 이야기죠?

제 둘째 딸은 여자 고등학교에 다녔는데요. 한 선생님이 반복적으로 아이들에게 이런 말을 했어요. "너희들은 공부하지 마! 여자들은 얼굴만 예쁘면 돼. 시집만 잘 가면 돼!" 제가 고등학교에 다니던 시절에도 저런 말을 하는 선생님이 있었어요. 여학생들 몸을 만지고 찌르고 꼬집는 남자 선생님도 있었고요. 당시에 제 또래 대부분은 기분이 나빠도 그저 입을 다물고 가만히 있었어요. 하지만 이제 시대가 바뀌었습니다. 이제는 많은 사람들이 저런 말이 성희롱이라는 것을 알아요.

여전히 가만히 있는 사람도 있지만, 더 이상 가만히 있지 않는 사람들이 늘었어요. 예전과 똑같이 말하고 행동하면 곤란한 상황이 생길 수 있음을 알아야 하죠.

몇 년 전, 한 텔레비전 프로그램에 초등학생 남자아이가 출연해서 여성 트로트 가수의 노래를 불렀어요. 노래가 끝나자 나이가 많은 진행자가 "너 남자 맞느냐?"며 아이의 성기를 만지는 듯한 행동을 한 거예요! 아이는 당황하며 진행자에게 "뭐 하세요?"라고 말했죠. 이 모든 게 편집 과정에서 걸러지지 않고 전파를 타면서 문제가 되었답니다. 할아버지, 할머니 세대에서는 이런 행동을 하면서 다들 그냥 웃고 넘어갔어요. 그러나 지금은 이렇게 하면 안 되죠. 설령 자기 손주에게라도 해서는 안 되는 행동입니다. 진행자는 물론이고, 프로그램 편집을 맡은 제작진 역시 얼마나 젠더 감수성이 없는지 보여 준 사건이었어요.

젠더 감수성이 계발되면 이전과는 다른 세상이 펼쳐져요. 사람들이 무심결에 던지는 농담 속에서 차별적인 발언이 들려요. 생김새나 몸매를 평가하는 말이 싫어져요. 텔레비전에서 남자와 여자의 몸, 심지어 아이들의 몸까지 상품화하는 장면이 많다는 것을 발견해요. 품격 있는 존재인 인간을, 성적 흥미를 끌고 만족을 주기 위한 대상이나 도구로 여기는 표현들이 눈에 띄어요. 놀이와 폭력의 차이를 알게 되고요. 그래서 괴로워져요. 하지만 그렇기 때문에 더 나은 세상을 바라게 됩니다. 서로 존중하고 배려하는 인간관계를 간절히 꿈꾸게 되죠.

남자, 여자를 떠나 인간에게는 인간으로서 살아가면서 갖추어야 할 품성(character)이 있습니다. 합리성, 독립성, 공감 능력, 살림, 돌봄, 소통, 배려 같은 것들이죠. 독립적이면서도 공감 능력이 뛰어난 사람은 어둠 속의 한 줄기 빛 같아서 주위 사람들에게 긍정적인 영향을 끼칩니다. 자기 앞가림을 할 줄 알고 다른 사람을 잘 돌본다면, 어떤 상황에 처하든 사람들을 이끌 수 있어요.

자기 명령에 따르라고 소리만 치는 강한 리더십보다는 다른 사람의 이야기를 귀 기울여 듣고 소통할 줄 아는 능력을 갖춘 사람이야말로 직업 세계에서 성공할 확률이 높아요. 진정한 여자다움은 공주처럼 누군가에게 떠받들리는 게 아니라 내가 그 사람을 진심으로 사랑하는 것입니다. 진정한 남자다움은 상대방이 내 말에 복종하게 하는 것이 아니라 내가 그 사람의 말에 귀 기울이는 것이고요. 젠더 박스에 갇힌 사람보다 젠더 박스를 허무는 사람이 이 시대에 필요한 인재입니다.

5. 조금 다른 사람들

여성과 남성 그리고 간성

성별이 남자와 여자로 나뉜다는 것은 상식이죠. 세상에는 남자와 여자가 있고, 흑과 백, 선과 악이 있습니다. 이런 이분법은 제가 그동안 세상을 이해하는 주된 방식이었어요. 그런데 성에 대해 공부하고 알아 갈수록, 세상은 두 가지 색으로 양분된 무채색의 지루한 곳이 아니라, 총천연색 무지갯빛 놀이동산이란 걸 알게 되었어요.

    독일에서 태어난 린(Lynn D.)은 남자와 여자의 성기를 모두 가지고 태어났어요. '어떻게 이런 일이!' 린의 부모님은 얼마나 놀랐을까요? 그들은 의사의 권유를 받아 린의 성별을 여자로 선택했습니다. 린은 남자 성기를 제거하는 수술을 받고 여자로서의 삶을 시작했죠. 하지만 이후에도 여러 차례의 대수술을 받아야 했고, 사춘기가 시작되면서부터는 매주 성장 억제제와 상당량의 호르몬 주사를 맞아야 했어요.

2009년 베를린 세계육상선수권대회 여자 800미터 경기에서 우승한 남아프리카공화국의 캐스터 세메냐(Caster Semenya) 선수는 끊임없이 성별 논란에 시달렸어요. 기록이 다른 여자 선수들보다 압도적으로 뛰어났거든요. 세메냐는 자신을 여자로 생각했고 여자로 자라 왔어요. 그런데 막상 성별 검사를 해 보았더니 몸 안에 자궁과 난소가 없었고, 대신 테스토스테론을 생성하는 고환이 있는 거예요. 그래서 보통 여성에 비해 세 배 정도 많은 테스토스테론이 나오고 있었죠.

대부분의 사람은 XY염색체에 남자 생식기(고환, 음낭, 음경)를 가지거나, XX염색체에 여자 생식기(난소, 질, 자궁, 음순)를 가지고 태어나요. 그런데 성기처럼 눈에 보이는 신체적 특징이나, 눈에는 보이지 않지만 성별을 구별해 주는 염색체, 유전자, 호르몬 같은 요소들이 드러난 정도가 전형적인 여자, 남자와는 다른 경우가 있어요. 이를 '간성'(intersex)이라고 부르고, 일부 국가에서는 공식적으로 인정하고 있습니다.

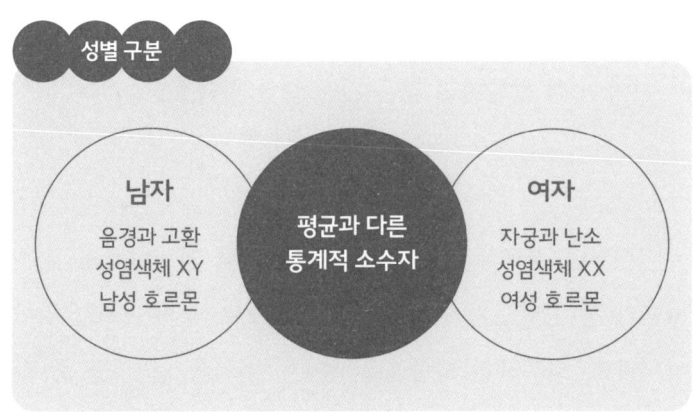

간혹 염색체도 정상이고 유전자도 정상이지만, 환경 호르몬 같은 이차적 원인에 따라 성별이 충분히 드러나지 않은 경우도 포함돼요. 2017년 유엔에서는 전 세계 인구 중 0.05퍼센트에서 최대 1.7퍼센트를 간성으로 추정했어요. 간성인 사람이 얼마나 되는지 정확히 말하기는 어렵지만, 당사자가 말을 안 하고 우리가 몰라서 그렇지 우리 주변에도 있을 거예요.

어떤 사람은 자기가 간성으로 태어난 줄 모르고 살다가 사춘기가 되어 2차 성징이 나타나면서 알게 되기도 하고, 혹은 불임 검사를 할 때나 사망 후 부검할 때 간성이었다는 사실이 드러나기도 해요. 간성이 발생하는 이유가 아직 다 알려지지는 않았어요. 어떤 상태를 간성으로 판단할 것인가에 대해서도 과학자들과 의사들 사이에 여러 의견이 있지요. 앞으로 과학이 더 발달하면 많은 것들을 알게 되겠죠.

◆ ◆ ◆

이처럼 생물학적 성의 발달은 복잡한 과정이에요. 모든 사람의 몸이 남자와 여자라는 이분법으로 딱 떨어지는 것이 아니에요. 대부분의 사람들은 성별이 여자와 남자 둘 중 하나지만, 어디에도 속하지 않는 사람들이 비록 소수라도 무시할 수 없는 숫자로 존재합니다.

저는 간성의 존재를 알고 나서, 내가 아는 것이 참 적다는 사실을 새삼 깨달았어요. 우리가 아는 것은 제한적입니다. 새로운 정보와 지식이 계속 새로 생기고, 답을 알 수 없는 일도 많아요. 우리는 배움을 통해 세상과 사람을 더 잘 이해하게 되고, 자신이 확장되는 경험을 합니다. 그러므로 그간 내 주위에 없었으니까, 내가 모르니까 존재하면 안 된다고 말하면 안 되는 것입니다. 이들은 우리 가족일 수도, 이웃일 수도, 친구일 수도 있잖아요.

성별 정체성과 성적 지향

저는 생물학적으로 여자고, 제가 여자라고 생각해요. 제가 여자라는 사실이 너무 고통스러워서 남자로 다시 태어나기를 강하게 바란 적이 없어요. 저의 '성별'과 '성별 정체성'은 일치합니다. 이러한 경우를 '시스젠더'(cisgender)라고 해요.

그런데 어떤 사람들은 신체적 성별과 정신적 성별이 달라요. 남자의 몸을 가지고 태어났지만 자신을 여자로 생각하는 사람, 몸은 여자이지만 남자가 되기를 바라는 사람도 있어요. 그런 상태를 '성별 위화감/불일치감'을 경험한다고 하고, 이렇게 타고난 성별과 성별 정체성이 다른 경우를 '트랜스젠더'(transgender)라고 부릅니다. 보통 트랜스젠더 하면 성전환 수술을 받은 사람을 연상하기 쉽지만, 모든 트랜스젠더가 성기를 바꾸는 수술을 받는 것은 아니에요.

또한 트랜스젠더와 동성애자는 전혀 다른 범주의 개념입니다. 동성애나 이성애는 '성적 지향'(sexual orientation)과 관계된 구분으로, 자신이 성적으로 이끌리는 상대가 자신과 같은 성별이면 동성애, 다른 성별이면 이성애라고 말해요. 사회에는 이성애자들이 다수를 차지하지만 동성애자도 있습니다.

동성애는 왜 생기는 걸까요? (사실 이런 질문 자체가 차별적입니다. 우리가 이성애는 왜 생기는 건지 묻지 않잖아요.) 동성애를 옹호하는 쪽과 반대하는 쪽 모두 과학적으로 설명해 보려고 노력해 왔어요. 동성애는 타고나는 것인가 학습되는 것인가, 유전적인 것인가 행동적인 것인가 아니면 선택인가? 연구자마다, 입장마다 연구 결과를 두고 해석이 분분합니다. 현재 대부분의 과학자들은 성적 지향이 환경적 요인, 인지적 요인, 생물학적 요인이 복잡하게 얽혀 이루어진 결과일 가능성이 크다는 데 동의해요.

일반적으로 어느 사회에나 2-15퍼센트의 동성애자가 있다고 추정되는데요, 우리나라에는 동성애자에 대한 정확한 통계가 없어요. 아마 조사를 한다면 동성애자 비율이 미국보다는 낮게 나올 거예요. 우리나라는 성별 규범이 확고하고 이성애 중심의 가족주의를 강조하는 문화잖아요. 그러니 자기가 동성애자여도 그 사실을 거부하거나 숨길 가능성이 크겠죠.

이제 정신과 의사나 심리학자 같은 전문가 그룹은 동성애자를 '비정상인'으로 보지 않아요. 세계보건기구도 트랜스젠더와 동성애를 정신 질환 목록에서 제외한 것은 물론이고요. 사회생활을 하는 데 어떤 손상도 주지 않으므로 치료해야 하는 질병이 아니라는 것이죠. 성적 지향을 바꾸어야 한다고 주장하는 '전환 치료'에 대해서도 반대해요. 오히려 동성애자를 차별하고 혐오하는 문화로 인해 동성애자들의 건강이 위협받고 있다고 말합니다.

> **용어 정리**
>
> - **성별 정체성**   '거울로 보고 싶은 내 모습이 누구(어떤 성별)인가'를 가리킵니다. 타고난 신체적 성별과 성별 정체성이 같은 경우를 '시스젠더', 다른 경우를 '트랜스젠더'라고 합니다.
> - **성적 지향**   자신이 성적으로 이끌리는 상대가 같은 성별이면 동성애, 이성이면 이성애라고 말합니다.
> - **전환 치료**   성적 지향을 동성애에서 이성애로 바꾸기 위한 치료라고 알려져 있습니다.

동성애는 죄일까?

기독교인들 중에는 '동성애는 죄'라고 믿는 사람들이 많습니다. 성경에 분명히 그렇게 쓰여 있다고 말하면서 동성애 반대를 외쳐요. 전문가들은 전환 치료를 반대하는데, 어떤 기독교인들은 동성애는 병이니까 전환 치료를 받아서 '고쳐야' 한다고 주장하죠. 실제 전환 치료를 받아서 동성애를 이성애로 고쳤다는 사람이 '간증'을 하기도 해요.

성경에서는 하나님이 남자와 여자를 창조하셨다고 말해요. 남자와 여자가 가정을 이루어 아이를 낳고 후대를 이어가는 모습이 나오죠. 그래서 많은 기독교인들은 그게 정상이고 성경적이라고 믿습니다. 남자가 남자를 사랑한다는 것은 성경을 위반하는 행동이라고 생각하죠. 그리고 동성애자를 인정하면, 자신들의 자녀가 그들을 따라 하지는 않을까 불안해합니다. 성경 말씀을 따르려고 하고, 아이를 걱정하는 그들의 진심은 충분히 이해합니다.

그런데 동성애는 죄라고 말하는 것으로 보이는 성경 구절들을 어떻게 해석할 것인지 신학자들 사이에서도 의견이 나뉘어요. 성경뿐 아니라 다른 종교 경전을 읽을 때도 해석이 다양할 수 있어요. 같은 법이라도 판사에 따라 다르게 해석하고 적용하기도 하잖아요. '다르다'와 '틀리다'는 다른 뜻입니다. 우리는 자기와 생각이 다른 사람과도 함께 살아가는 법을 배워야 해요. 자기의 생각이나 방식에 오류가 없는지 살펴보고, 더 나아지려고 애써야 합니다.

동성애에 대한 신학자들의 해석은 다양해도, 저는 성경 전체가 지향하는 정신만은 확실하다고 믿어요. 그건 바로, 하나님은 동성애자들을 보고 놀라고 쫓아내시는 게 아니라 그들과 관계를 맺기 원하신다는 점입니다. 그리고 우리에게는 그가 누구든 차별하지 말고 더불어 살아가라고 말씀하실 것입니다. 동성애자도 우리의 이웃입니다.

◆ ◆ ◆

혹시 같은 성별의 사람을 좋아하는 마음이 들었던 적이 있나요? 그런 마음 때문에 걱정인가요? 내가 동성애자가 되면 어떡하나 고민 중인가요? 여러분이 동성애자를 보고 따라 하지 않을까 부모님이 염려하나요?

여러분은 지금 여러 측면에서 자신의 정체성을 찾아가는 과정에 있어요. 동성애자가 아니어도 동성 친구를 보고 가슴이 두근거릴 수 있어요. 매력적인 사람을 좋아하는 건 자연스러운 마음이니까요. 동성애자는 스스로 '동성에게만 이끌리는' 자신의 감정을 인정하고 받아들인 사람이에요. 동성애자를 보고 동성애를 따라 할 수 있다고 생각하는 사람들은 동성애가 '선택할 수 있는 생활 방식'이라고 이해한 것입니다. 앞에서도 설명했듯이, 지금까지 과학이 알아낸 바로는 동성애는 선천적으로 타고나는 것인 데다가 환경적 요인 등이 복합적으로 영향을 준 결과입니다.

우리나라에서 동성애자로 살기란 무척 어렵습니다. 동성애자임을 밝히는 순간, 멸시받고 차별받고 심지어 폭력을 당하기도 해요. 교회에 다닌다면 더더욱 이를 드러내기 어려워요. 합리적 판단을 할 수 있는 사람이라면 구태여 고통스러운 삶의 방식을 따라 하지 않을 겁니다.

같은 성별의 친구를 좋아한다고, 나아가 사랑하는 마음이 든다고, 동성애 로맨스 소설을 읽다가 성적인 욕구가 생긴다고 해서, 여러분 나이에 '아, 나는 동성애자구나'라고 확실하게 결론지을 필요는 없어요. 살아가면서 적절한 시기에 자기가 어떤 사람인지 스스로 답할 수 있는 날이 올 거예요.

오히려 일시적일지도 모르는 청소년의 마음과 행동을, 주변 사람들 특히 어른들이 부정적으로 보고 실망하거나 화를 내거나 낙인을 찍는 것이 큰 문제입니다. 다른 남자아이/여자아이처럼 옷을 입지 않는다고, 남자다운/여자다운 헤어스타일을 하지 않는다고, 남자아이가 너무 소극적이고 여자아이가 너무 기가 세다고, 동성 친구와 너무 가깝게 지낸다고 동성애자라고 손가락질하지 마세요.

◆ ◆ ◆

인도에는 '카스트 제도'라는 신분 계급 제도가 여전히 존재해요. 그중에서 가장 낮은 하층 계급을 '불가촉천민'(접촉할 수 없을 정도의 천한 사람들)이라고 부릅니다. 부끄러운 고백이지만, 저는 예전에 동성애자를 불가촉천민쯤으로 생각했어요. 나와는 상관없으니 안 만나고 살면 그만이라고 생각했어요. 그러다가 성 소수자에 관해 연구한 과학, 사회학, 여성학, 신학 등의 책들을 읽었어요. 또 제 주변에서 동성애자를 만났고 그들의 이야기에 귀를 기울였어요. 그러자 그들을 이해하게 되었습니다.

하지만 어떤 사람들은 그들이 명백히 존재하는데도 보이지 않는 존재가 되기를 강요해요. 그들에게 "지옥에나 가라"고 저주의 말을 퍼붓는 사람도 있어요. 그 정도까지는 아니더라도, "그래, 알았으니까 내 눈에만 띄지 마라!" 이렇게 말하면서 자신이 차별하는 사람이 아니라고 생각하죠. 그런데 이런 말이야말로 차별이고 억압 아닌가요? 혐오는 저 사람은 나와 다른 사람, 나보다 지위가 낮은 사람, 나와는 상관없는 사람이라는 생각에서 출발해요. 그 점에서 이런 말들은 '혐오'에서 멀리 있지 않아요.

우리 사회에는 남자와 여자, 시스젠더, 이성애자인 사람이 대부분입니다. 하지만 간성도 존재하고, 트랜스젠더나 동성애자도 소수이지만 있어요. 그들을 '성 소수자'라고 부르죠. 여러분 중에 '내가 트랜스젠더가 아닐까, 동성애자가 아닐까, 진짜 그러면 어떡하지?' 이런 고민으로 인해 정신적인 고통이 있다면 정신의학과 선생님이나 심리상담가 같은 전문가의 도움을 받아 보기를 권해요. 그러나 성 소수자들은 자신의 성 정체성 자체보다 성 소수자에게 편견을 가지고 모욕하는 사회문화적 분위기 때문에 더 고통스럽지 않을까요?[5]

6. 그래도 되는 건 없다

최근에 대학을 졸업한 이후 2년 이내에 남자와 여자가 각각 얼마나 많은 돈을 버는지 조사를 한 결과가 있어요. 학교와 학과와 학점 등 '스펙'이 동일한 여자와 남자의 소득 차이를 비교해 보았죠. 그랬더니 미국에서는 남녀 간 소득 격차가 전혀 없는데, 한국에서는 남자가 여자에 비해 소득이 18퍼센트나 높다는 결과가 나왔어요. 우리나라에 구조적 성차별이 존재한다고 객관적으로 증명된 셈이에요.[6]

우리나라에서는 이제 여자가 교육도 많이 받을 수 있고, 비교적 건강하게 오래 살아요. 그럼에도 불구하고 경제적·정치적 권한은 매우 낮다는 걸 여러 조사 결과가 보여 줍니다. 또한 성폭력, 가정폭력 피해자의 절대다수는 여성입니다. 물론 남자도 차별과 폭력의 피해자가 될 수 있습니다. 우리 모두 지혜를 모아 차별적이고 폭력적인 현실을 개선해야 한다는 데 누구도 반대하지 않을 거예요.

많은 나라에서 여자는 오랫동안 남자가 누리는 권리를 누리지 못했어요. 어느 나라에서는 여자에게만 투표권이 없었던 때가 있었어요. 우리나라에서도 여자가 혼자서는 통장을 만들 수 없던 때도 있었어요. 남자들에게는 당연했던 삶의 방식을 얻기 위해 여자들은 목숨을 걸기도 했답니다. 끊임없이 문제를 제기하고 자신의 생각을 표현한 여자들이 있었기에, 현대 사회에서 여자들이 남자들과 비슷한 정도의 권리를 누리게 된 거예요.

여자도 사람이라는 사실을 주장하는 것, 더 나아가 피부색, 인종, 종교가 달라도 모두가 사람으로서 평등하게 살아야 한다는 사상이 '페미니즘'입니다. 페미니즘은 '여성우월주의'가 아니에요. 생물학적으로 여자면 무조건 옳다거나 자신의 페미니즘만 옳다고 주장하는 페미니즘은 제대로 된 페미니즘이 아니에요.

그런데 페미니즘의 'ㅍ'만 이야기하려 해도 불편해하는 사람들이 있어요. 팔짱을 끼고 몸을 삐딱하게 돌려 앉거나 시선을 피하죠. 심지어 '꼴페미, 메갈'이라고 부르며 조롱하거나, 강의 시간에 적극적으로 방해하기도 하고요. 저뿐 아니라 많은 성교육 강사들이 이런 경험을 했어요. 남학생들이 여성 강사에게 우르르 몰려가 성희롱을 하고, 물리적 위협을 한 경우도 있었습니다.

온라인 세상에서는 공격이 더 심하죠. '소녀는 뭐든 할 수 있다'(Girls Can Do Anything)라는 문장이 쓰인 옷을 입거나 휴대 전화 케이스를 사용했다고 공격을 당해요. 소셜 미디어에 『82년생 김지영』이라는 책을 읽었다는 내용을 올린 여성 연예인은 엄청난 악플과 협박에 시달렸어요. 학교에서 페미니즘 동아리를 만들고 홍보하는 개인의 '신상'을 털어서 협박 전화나 욕설 메시지를 보내고, 홍보 포스터를 훼손하는 경우도 있었어요.

페미니즘만 혐오의 대상이 되는 것은 아닙니다. 반대로, 현실이 이렇다 보니 혐오를 당한 경험이 있는 여자들이 남자들을 혐오의 대상으로 삼기도 해요. 한술 더 떠서 장애인, 외국인, 다문화 가정, 노인, 심지어 어머니나 여동생, 자기 자신까지, 사람을 가리지 않고 비하하고 혐오하는 문화가 사회에 만연해 있습니다. 초등학생들마저 인터넷상에 번지는 혐오 단어를 아무렇지도 않게 사용합니다. 개인 인터넷 방송의 규모가 커지면서 일부 진행자들이 사용하는 욕설과 성적 표현들이 무분별하게 퍼지기도 해요. '김치녀, 된장녀, 한남충, 느금마, 맘충, 급식충, 똥꼬충, 틀딱충, 휴거…' 이 외에도 제가 모르는 혐오 표현이 얼마나 많겠어요.

혐오 표현을 쓰지 말자고 말했다가는 '노잼 인간, 게이, 진지충' 같은 또 다른 혐오 표현을 듣기도 해요. 혐오는 꼬리에 꼬리를 물고 이어집니다. 여러분 중에는 친구 관계에서 따돌림을 당할까 봐 두려워 혐오 표현을 사용해 본 사람도 있겠죠. 싫어하는 마음을 좋아하는 마음으로 바꾸라고 강제할 수는 없어요. 그러나 혐오를 '표현하는 것'은 다릅니다. 혐오 표현은 표현의 자유가 아니에요.

사람은 자기가 지금 누리고 있는 권리를 빼앗기지 않을까 불안할 때, 자기 몫이 줄어든다는 느낌이 들 때, 앞으로 나아갈 길이 없다고 느낄 때, 더는 해 볼 방법이 없다고 생각

될 때, 억울할 때, '탓'할 대상을 찾습니다. 그 대상을 탓하고 혐오하면서 자기는 잘못이 없음을, 오히려 자기가 피해자임을 입증하려는 경향이 있어요. 『혐오와 인권』의 저자 장덕현 선생님은 "혐오는 나의 힘든 상황을 다른 누군가의 책임으로 돌릴 수 있는 악마의 유혹 같은 것"이라고 말씀하셨어요.

 인간은 뿌리 깊이 이기적이에요. 우리의 공감 능력은 아주 제한적으로 발동해요. 나와 내가 속한 집단을 향해서만 공감 능력을 써요. 내가 이해하기 어려운 사람, 심지어 좋아하지 않는 사람에게 공감하기란 무척 어려운 일이죠. 그래서 다른 사람의 인생에 공감하는 것에도 연습이 필요합니다. 배우고 익혀야 해요. 노력하지 않으면 우리는 단순하게 편을 가르고, 내 편이 아닌 다른 편 사람들에게 무자비해지기 쉽습니다. 서로에 대한 잔인함은 우리 공동체 전체를 위험에 빠뜨리고 더 나아가 파괴할지도 몰라요.

◆ ◆ ◆

 2021년에 군대 내 가혹 행위 문제를 다룬 〈D.P.〉라는 드라마가 선풍적인 인기를 끌었어요. 군대처럼 윗사람이 명령하면 아랫사람이 복종해야 살아남는다고 생각하는 조직일수록 가혹 행위가 문화처럼 자리 잡기 쉬워요. 군대만 그런 게 아니죠. 이런 문화는 우리 사회 곳곳에 퍼져 있습니다. 어른 아이 할 것 없이, 강해 보이기 위해 약자에게 모욕적 언행을 일삼는 문화는 예전부터 있었어요. 여러분 같은 청소년들이 편견에 물든 말을 하고 약자를 조롱하는 행동을 하는 것은 그간 어른들이 만들고 사회가 강화해 온 각종 차별, 폭력, 혐오의 문화에 근본 책임이 있다고 생각해요. 어른들의 잘못이 큽니다.

드라마 〈D.P.〉에서 가해자 황장수의 대사가 마음에 남아요.

"그래도 되는 줄 알았어."

악한 일을 저지른 한 사람만 처벌하면 문제가 사라질까요? 가해자를 관리 감독해야 할 의무가 있는 바로 윗사람만 쫓아내면 끝날까요? 이 모든 상황을 옆에서 보고 알고 있었던 다수의 방관자들에게는 아무 책임이 없을까요? 알아요, 이런 상황에서 저항하기 쉽지 않다는 걸요.

〈D.P.〉의 원작자이자 각본가인 김보통 작가가 인터뷰에서 말했어요.[7] "피해자가 가해자가 되는 것도 무서운 일이지만, 그 과정을 방관한 것으로도 가담한 것이구나"를 깨달았다고요. 사람이 사람을 차별하고 배제하고 혐오하는 문화가 일상이 되지 않도록, 그래도 되는 건 없다고 피해자 곁에서 목소리를 내 주세요. 내 일이 아니라고, 내가 직접적인 피해를 당하지 않았다고, 피해자가 내가 싫어하는 사람이라고 못 본 체한다면, 언젠가 내가 피해 당사자가 될지도 몰라요.

우리는 어디에서 혐오의 악순환의 고리를 끊을 수 있을까요? 여러분이 할 수 있는 일은 무엇이 있을까요?

혐오의 악순환을 끊기 위해 할 수 있는 일

(예: 카톡방에서 누가 거기 없는 사람을 욕할 때, 맞장구치지 않기.)

3부

행복하게 함께 살기

내 생각을 잘 말하고 상대방의 말을 잘 듣고
서로 동의한 후에 결정하는 것은
모든 인간관계에서 중요한 과정임을 잊지 마세요.

7. 서로 좋은 것을 찾기

데이트, 어떻게 할까?

어느 날부터인지 '그 아이'가 자꾸 눈에 띄고, 유난히 신경이 쓰여요. 혹시 마주칠까 싶어 주변을 맴돌다가도, 실제 마주치면 내 마음을 들킬까 봐 일부러 거리를 두기도 해요. 다른 친구에게 그 아이에 대해 슬쩍 물어보기도 하고요. 그 아이의 모든 게 궁금해져요. 온통 그 사람 생각으로 마음이 꽉 찹니다. 사랑이 찾아온 걸까요?

어떤 사람에 대해 호기심이 생기고 좋아하는 마음은, 조금 힘들 수도 있지만 아주 멋진 경험이랍니다. 사랑은 여러분 마음속에서 일어나지만 뇌에서 분비되는 호르몬 작용이기도 해요. 누군가에게 끌리면 몸속에서 일종의 흥분제인 암페타민이 분비되면서 붕 뜨는 느낌이 생긴대요. 그러면서 중독 호르몬인 도파민이 분비되고, 다시 그 흥분을 진정하기 위해 진통 호르몬인 엔도르핀이 분비되기 때문에 행복한 느낌이 든다고 합니다.[1] 이런 화학적·정서적·육체적 끌림이 다 함께 일어나는 게 사랑입니다.

누군가를 많이 좋아하면 그 사람과 특별한 관계가 되고 싶지요. 좋아하는 사람과만 공유하고 싶은 무언가가 생기고, 함께 있고 싶고, 슬픈 일이나 기쁜 일이 있을 때 내 감정을 나누고 싶어져요. 그런데 이런 내 마음을 상대방에게 어떻게 고백하죠? '고백했다가 차이면 얼마나 창피해', '거절당하면 진짜 기분 더럽지.' 현재 누리는 좋은 관계를 깰까 봐 두려워서 짝사랑에 머물기도 해요.

두려움에 굴복하면 사랑을 얻을 수 없어요. 시도해야 합니다. 말을 걸어야 해요. 두 사람이 함께 참여하고 있는 동아리나 프로젝트가 있다면, 그것으로 말문을 열 수 있겠죠. 영화, 음악, 드라마, 게임, 책, 음식 등등, 나와 그 사람을 연결해 줄 만한 공통점이 있을까요? 말이 어렵다면 글로 마음을 전할 수도 있고요. 상대방의 기분이 상하지 않게, 진심을 담아 마음을 전하세요. 용기를 내 보는 겁니다! 설령, 내 고백이 거절당한다고 해도 내 마음을 알렸으니 그것으로도 큰 산을 한 번 올라 본 것입니다.

그런데, 관계를 시작해서는 안 되는 위험 신호들이 있어요. 내가 좋아하는 그 사람을 주변 사람들이 아무도 좋아하지 않는다면 다시 생각해 보세요. 심하게 화낼 상황이 아닌데 화를 폭발하곤 한다면, 관계를 시작하면 위험해요. 게임, 음란물, 술 등등, 어떤 것을 절제하지 못하는 사람은 아닌지 잘 살펴보세요. 동물을 함부로 다루는 사람도 위험합니다. 사랑을 이루는 것도 중요하지만, 제일 중요한 것은 여러분 자신의 안전과 건강한 삶이라는 것을 잊지 마세요.

여러분은 어떤 사람과 만나고 싶은가요? 그 사람이 좋을 때, 혹은 싫을 때는 언제인가요? 다음 빈칸에 여러분 생각을 적어 보세요. 현재 사귀는 친구가 있으면 그 친구를 생각해서 적고, 없으면 미래에 사귀고 싶은 친구를 상상하며 적으면 됩니다.[2]

> **"내 여자친구/남자친구, 이럴 때 좋다/싫다"**

• 좋을 때:

• 싫을 때:

　'내 말을 잘 들어 준다, 나를 배려한다, 유머 감각이 있다, 나를 사랑해 준다, 이벤트를 잘한다, 예쁘다 혹은 잘생겼다…' 이럴 때 좋다는 대답이 많았어요. 나쁠 때는 '소리를 지른다, 자기 마음대로 한다, 말을 안 한다, 다른 사람과 나를 비교한다, 토라진다, 잠수 탄다' 등의 답변이 있었고요. 남자든 여자든 좋은 사람으로서의 특징은 거의 차이가 없는 것 같아요. 연애하기 전에 먼저 친구들과 좋은 우정을 쌓는 법을 익히면, 자연스럽게 연애 관계에서 성공할 확률도 높아질 거예요.

◆ ◆ ◆

누군가를 좋아해서 마음 졸이고, 설레는 마음으로 연애를 하고…. 이런 것들은 여러분의 부모님을 포함한 대부분의 어른들도 겪어 온 과정이에요. 다만, 어른들이 여러분의 감정이 너무 심각해지지는 않을까 걱정하고 잔소리를 하는 데도 이유는 있어요. 앞서 사춘기 청소년의 뇌에 대해 살펴보았듯이, 사춘기에는 합리적으로 의사결정을 하는 전두엽이 편도체보다 느리게 발달해요. 아직은 여러분의 판단을 전부 다 신뢰할 수는 없다는 뜻이에요. 물론 실수와 실패를 통해 배우는 게 있죠. 그것을 통해 성장하기도 해요. 하지만 한순간의 불꽃같은 사랑으로 여러분이 너무 많은 짐을 지게 될 수도, 상처를 입을 수도, 이후의 삶이 완전히 뒤바뀔 수도 있기 때문에 염려하는 겁니다.

저는 세 딸을 키우는 엄마이고, 다른 평범한 부모들처럼 걱정이 많은 사람이에요. 그런데 저는 제 아이들이 남자친구를 사귀고 만나는 것을 '금지'하지는 않았어요. 제 경험을 돌아봐도, 금지하면 몰래 하고 싶어지는 게 사람 마음이더라고요. 그래서 부모를 속이지 않고 사귀는 게 더 안전하지 않을까 생각했습니다. "금지가 과잉을 만들고, 이해가 조절을 만든다"[3]라는 말에 동의하거든요. 저는 청소년 여러분이 이성 친구를 만나면서 남자와 여자의 다른 점을 이해하고, 인간관계의 황금률(네가 대접받고 싶은 대로 남을 대접하라)도 실천해 보고, 서로 다른 사람들이 이 사회에서 어떻게 어울려 살아가는지 배울 수 있을 거라고 믿어요. 다만, 내 할 일은 하면서 연애하세요. '너와 함께'의 사랑도 중요하지만, '나만의' 미래도 중요하니까요.

스킨십, 어떻게 할까?

서로 좋아하는 마음을 확인하면 '오늘부터 1일'인 거죠? 연애도 인간관계이니, 좋아한다고 해서 상대방이 하자는 대로 다 해야 하는 건 아니에요. 자기가 하고 싶은 것을 상대방에게 강요하거나 일방적으로 밀어붙여서도 안 돼요. 언제 어디서 만날지, 만나서 무엇을 할지, 데이트 비용은 어떻게 할지, 둘이 사귄다는 사실을 누구에게 알릴지, 이 모든 것을 함께 상의해서 결정해야 합니다.

좋아하는 사람과 사귀게 되면 몸으로도 사랑을 표현하고 싶어져요. 만지고 싶고, 붙잡고 싶고, 안고 싶고, 키스하고 싶어져요. 그런 욕구 자체는 전혀 이상한 것도 아니고 문제가 될 것도 없습니다. 이런 욕구 자체에 죄책감을 가질 필요는 없어요. 오히려 아주 건강한 상태라는 증거입니다. 하지만 모든 욕구에는 브레이크가 필요합니다. 만났을 때 대화보다는 스킨십을 더 추구하고 있다면, 두 사람의 관계에 빨간불이 켜졌다는 신호예요! 빨간불일 때 계속 진행하면 사고가 나요.

제 막내딸이 중학생 때 남자친구를 사귀었어요. 어느 날 보니 아이가 못 보던 팔찌를 차고 있더라고요. "웬 거야?" 하고 물으니 남자친구와 사귄 지 200일을 맞아 장만했다고 해요. 100일 기념으로는 커플링을 맞춰 끼기도 했어요. 평소에 아이와 이런저런 이야기를 나누곤 해서, 그날은 스킨십에 대해서도 물어보았어요.

"승호(가명)랑 손잡아 봤어?"

"당연하죠!"

"어떻게 잡게 됐는데?"

"승호가 먼저 손을 잡고 싶다고 해서 저도 좋다고 했어요."

"오, 제법인데? 아주 잘했네!"

어때요, 이 두 친구가 손잡을 때 현명하게 대화를 나누었죠? 서로 다른 두 사람은 제대로 말하고 잘 들어야 합니다.

스킨십에 대한 대화를 나누려면 먼저 '나는 이 사람과 어떤 스킨십을 하고 싶은가? 어디까지 할 수 있을까?'를 생각해 보아야 해요. 단지 스킨십에만 해당하는 게 아니에요. 스스로, 수시로 '나는 무엇을 원하는가?'라는 질문을 해 보아야 합니다. 여러분은 아직 부모님의 선택과 주장에 따라갈 수밖에 없는 상황이 많을 거예요. 하지만 자신이 원하는 스킨십을 현명하게 실천하기 위해서라도, 일상적인 것에서부터 자신이 무엇을 원하는지 자주 살펴야 합니다.

'말을 안 해도 알 거야'라는 낭만적 상상은 도움이 되지 않아요. 짐작에서 오해와 상처가 생깁니다. '이심전심'(以心傳心)이라는 말이 있지요. 마음과 마음으로 서로 뜻이 통함을 이르는 말입니다. 하지만 사귀는 관계라고 무조건 이심전심일 거라고 믿고 행동했다가는 큰일 나기 십상이에요. 때로 자존감이 낮은 사람은 말을 하지 않아도 상대방이 다 알아주기를 바라는, 말도 안 되는 기대를 합니다. 내면에 힘이 없으면 상대방을 떠보려는 의도로 겉과 속이 다른 언어를 사용하기도 하고요. 이런 식의 의사소통은 상대를 금세 지치게 만들어요.

드라마나 영화를 보면, 남녀가 말 대신 눈빛을 주고받은 후에 키스하는 장면들이 나와요. 우리는 손짓이나 표정 같은 신체 동작으로 자기 생각이나 감정을 표현하고 전달하지요. 이것을 몸짓말(보디랭귀지)이라고 하는데, 때로 몸짓말이 언어보다 관계에서 중요한 역할을 하기도 해요. 하지만 그것은 오래 같이 살면서 익숙해졌을 때나 가능해요. 오래 함께 살아온 부부에게도 언어적 의사소통은 여전히 중요합니다. 말과 글, 그리고 몸짓말이 같은 방향을 향하고 있을 때라야 상대방에게 내가 원하는 바를 정확히 전달할 수 있어요.

자기가 생각한 기준을 제시하고 상대방의 의견을 들으세요. "나는 이러저러하게 하고 싶은데 너는 어떻게 생각해?"

묻고, "그 정도는 좋아" 혹은 "나는 아직 그건 싫어" 답하는 대화를 더 많이 나누어야 합니다. 내가 원하는 것과 싫은 것을 구체적이고도 명확하게 표현하는 게 아주 중요해요. 만약 상대방이 요구하는 스킨십을 지금은 하고 싶지 않거든, 되도록 빨리, 정확하게 말하는 것이 좋습니다. 누구든 "싫어"라고 말할 권리가 있어요.

두 사람 중 누군가가 "그건 싫어"라고 말한다면, 그것은 거절이에요. 거절은 '한번 튕기는' 것도 아니고 '부끄러워서'도 아닌, 있는 그대로의 거절로 받아들여야 합니다. 그 행위가 싫다는 것이지 상대의 존재가 싫다는 것은 아니므로 너무 섭섭해하거나 분노할 필요는 없어요. 물론 거절당하는 일이 유쾌하지는 않습니다. 하지만 스킨십에 관한 한, 속도가 느린 쪽에 맞추는 것이 나아요. "한번 안아 보자"라는 요구를 거절한다고, "너는 나를 사랑하지 않는 거니?"라고 말하는 건 질문이 아니라 협박에 가깝죠. 상대방의 거절은 거절입니다. 계속해서 설득하려 들거나 "왜 하기 싫은데?"라고 캐물어서는 안 돼요. 누구에게도 스킨십을 강요해서는 안 됩니다.

"싫다"고 하면 상대가 기분 나빠 하고 삐지거나 화를 낼 수도 있어요. 하지만 여러분은 사랑하는 상대를 위해 존재하는 사람이 아니고, 상대도 마찬가지입니다. 사귀는 관계를 유지하기 위해 자신을 억누르고 전적으로 상대에게 맞출 필요는 없어요. 그렇게 해서 유지되는 관계라면 어느 때든 그 얕은 바닥이 드러날 거예요. 누구에게나 자신의 감정을 말할 권리가 있어요. 거듭 말하지만, 거절을 거절로 받아들이지 않을 때 사랑의 표현은 한순간에 폭력이 됩니다.

거절하는 쪽에서도 상대방에게 모멸감을 주면서까지 비난하지는 말아야 해요. 그 사람은 자기가 좋아하는 사람이잖아요. 자기가 거절한다는 것을 단호하게, 상대방을 존중하는 태도로 보여 주세요. 앞으로 여러분이 여러 인간관계를 맺게 될 텐데요, 내 생각을 잘 말하고 상대방의 말을 잘 듣고 서로 동의한 후에 결정하는 것은 연인 관계의 스킨십에서뿐 아니라 모든 인간관계에서 중요한 과정임을 잊지 마세요. 거절하고 거절당하는 연습을 통해 여러분은 더 단단한 사람이 될 수 있을 거예요.

어떤 스킨십이라도 여러분이 원할 때, 상대방의 동의를 얻어서 해야 한다고 했지요. 그렇다면 미성년자 두 사람이 원하고 동의하면 성관계도 할 수 있는 걸까요? 그게 여러분에게 유리한 선택일까요? 그게 두 사람에게 최선인 걸까요?

사춘기 청소년의 몸은 성장하는 중입니다. 적어도 여러분의 몸이 다 자란 후, 그리고 법적으로 성인이 된 후에 준비하고 성관계를 하는 것이 가장 좋습니다. 아기를 갖는 일은 하나님의 선물입니다. 그 선물을 두 팔 벌려 환영할 수 있을 때 성관계를 하셔야 해요. 임신이 될까 봐 두려워하며 덜덜 떨면서 하는 성관계는 황홀하지도, 끝내주지도 않아요. 임신을 원하지 않으면 최소한 콘돔을 사용해야 합니다. 이건 권장 사항이 아니라 의무 사항입니다!

그렇다면 여러분처럼 사춘기에 접어든 청소년이 이성 교제를 할 때는 어느 정도의 스킨십이 좋을까요? 여러분의 생각을 적어 보세요.

청소년기의 스킨십, 어디까지 괜찮을까?

(예: 손잡기, 팔짱 끼기 등.)

이성 교제 중에 성적 접촉(키스, 애무, 성관계 등)을 가지면 어떤 결과가 생길까요?

성적 접촉으로 생기는 결과는?

- 몸에:

- 마음에:

- 친구나 가족 관계에:

7. 서로 좋은 것을 찾기

성적 접촉을 하지 않고 애정을 표현할 방법에는 어떤 것들이 있을까요?

성적 접촉이 아닌 애정 표현?

(예: 등 토닥토닥 두드려 주기.)

성관계

남녀 사이의 성관계란, '남자의 음경이 여자의 질 안에 들어가서 피스톤 운동을 통해 정액을 사정하는 행위'를 말해요. 남자 청소년이 사정을 하고, 여자 청소년이 월경을 하는 나이가 되면 성에 대한 호기심이 늘어나요. 진짜로 성관계를 하면 어떨까 궁금해지죠. 이런 호기심과 궁금증이 생기는 건 자연스러운 거니까 너무 죄책감을 느끼지 않았으면 좋겠어요. 물론, 궁금하지 않다고 해서 이상한 것도 아닙니다.

사랑하는 사람끼리 몸으로 사랑을 표현하는 방식은 무

궁무진해요. 그중 성관계는 손을 잡거나 포옹을 하는 것과는 달라요. 어느 정도 큰 다음에는 부모님에게도 보여 주지 않는 벗은 몸을 내보이면서 가장 취약한 상태로 관계를 맺는 것입니다. 웬만한 신뢰가 아니면 할 수 없는 행동이죠. 성관계를 통해 두 사람은 더욱 사랑을 키워 가고 관계를 굳건히 해요. 또한 소중한 생명을 얻을 수도 있고요. 그러니 가장 사랑하는 사람과, 가장 좋은 때를 분별하고, 그때를 기대하며 절제하는 지혜가 필요해요.

성관계는 두 사람의 인생을 바꾸어 놓을 만한 영향력을 지니고 있어요. 준비하지 못한 상태에서의 임신은 남녀, 특히 여자의 삶을 송두리째 바꿀 만한 사건이에요. 단순한 호기심이나, 음란물을 보고 따라 하고 싶어서 성관계를 하려는 거라면 다시 생각해야 해요. 심지어 사랑해서 성관계를 했는데, 성관계 때문에 그 사랑을 잃을 수도 있어요. 10대의 성관계는 긍정적인 것보다 부정적인 게 훨씬 많을 수 있어요. 여러분의 소중한 첫 경험이 아름다웠으면 좋겠습니다.

◆ ◆ ◆

미국에서는 성교육의 일환으로 학생들에게 아기 인형을

키우게 하는 실습을 시켜요. 인형은 실제 아기처럼 일정한 간격으로 시끄럽게 울어요. 그때마다 아기 인형이 우는 이유(배고프거나, 졸리거나, 기저귀가 축축하거나 등)를 알아내서 그에 맞게 대처해야 울음이 멈춰요. 아기 인형을 키우면서 학생들은 육아가 생각처럼 쉽지 않다는 것을 체험하고, 준비된 성관계의 중요성 및 피임의 필요성을 깨닫게 된다고 합니다.

〈고딩엄빠〉라는 텔레비전 프로그램이 있더군요. 실제 10대 부모가 출연해서 임신, 출산, 육아의 일상을 적나라하게 보여 줍니다. 우리나라에서 10대 청소년이 낳은 아동 수는 매년 1천 명을 웃돌고 있어요.[4] 〈고딩엄빠〉에서는 2020년에 출산한 10대가 918명이고 그중 15세 미만의 부모도 열한 명이나 된다고 밝혔어요. 어떤 사람들은 이 프로그램이 청소년 성관계를 조장하는 것이 아니냐고 비판하더라고요. 하지만 저는 오히려 이 프로그램이 실제적인 성교육이 얼마나 중요한가를 보여 주는 측면이 있다고 생각해요. 어려운 상황에서도 생명을 포기하지 않고 책임지려는 어린 '엄빠'들을 보면 감동스럽기도 하고, 그들이 얼마나 힘들까 딱하기도 해요.

여러분은 부모님의 성관계를 통해 이 세상에 태어날 수 있었어요. 대부분의 부모님이(혹은 아버지나 어머니가) 자신이 낳은 아이를 평생 책임지고 사랑으로 돌봐요. 하지만 그렇지 않은 일이 지금도 일어나요. 아기를 책임질 수 없어서 태아를 포기하거나 태어난 아이를 포기하기도 해요. 열 달 동안 배 속에 품고 있다가 힘들게 낳은 아이를 떠나보낸다는 것은 참으로 고통스러운 일이겠죠. 영문도 모르고 부모와 헤어진 아이의 심정은 어떻겠어요.

그러니 '피임'(避妊, 임신을 피함)과 '책임'을 꼭 기억하세요. 지금 당장 성관계를 하라고 피임을 알려 주는 게 아니에요. 언젠가 할 수도 있으니 미리 알아 두자는 말입니다. 미래를 위해 여러분이 배워 놓는 게 얼마나 많은가요? 영어나 중국어, 화재 대피나 지진 대피 훈련도 하죠. 배워 놓으면 대처할 힘이 생기니까요. 피임 교육은 예방 교육입니다. 피임과 책임을 이야기하는 이유는 궁극적으로 여러분의 행복한 삶을 위해서예요.

피임과 책임

성관계를 통해 정자와 난자가 만나(수정) 자궁 내막에 자리 잡으면(착상) 임신이 돼요. 정자가 자궁 안으로 들어온다고 해서 늘 임신이 되는 것은 아니에요. 난소에서 성숙한 난자가 나와서(배란) 정자를 만나야 합니다. 배란 여부는 여성의 건강 상태에 영향을 많이 받아요. 몸이 아프거나 스트레스를 받으면 규칙적이던 배란일이 달라지기도 해요.

배란기는 직전 월경을 시작한 날로부터 다음 월경 예정일 사이 중간쯤에 위치합니다. 월경 주기를 28일로 볼 때,

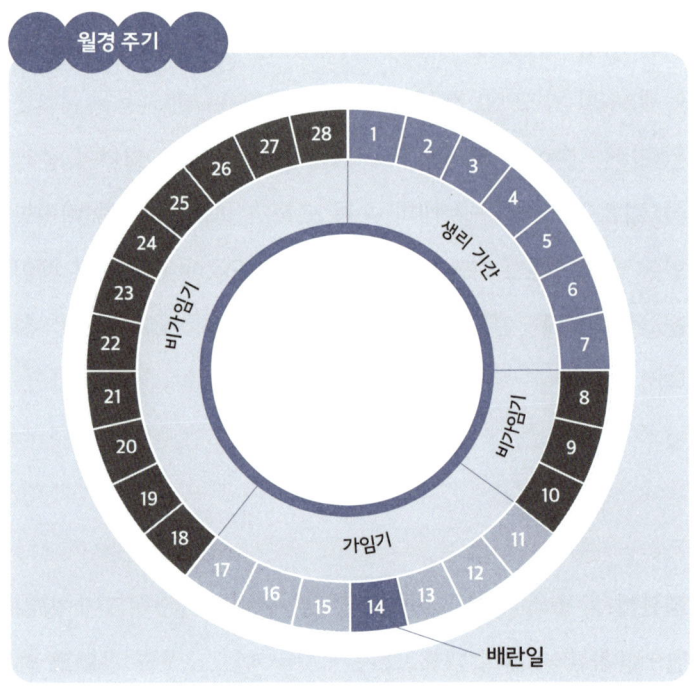

월경 주기

월경을 시작한 후 14일째 정도가 배란일이라고 볼 수 있어요. 이 시기를 기점으로 앞뒤로 3-4일을 더한 약 일주일 정도가 임신이 가능한 기간(가임기)이에요. 난자는 배란된 이후 12-18시간 동안 수정이 가능하고, 자궁 안으로 들어온 정자의 생존 기간은 약 3일입니다(예외적으로 7일까지 사는 경우도 있어요).

그래서 정자와 난자가 만날 가능성이 있는 기간은 생각보다 길어요. 여기에 몸과 마음의 상태에 따라 배란일이 불규칙할 가능성까지 고려한다면, 임신이 가능한 시기는 수치로 따지는 것보다, 앞의 그림에 적힌 것보다 훨씬 더 길어질 수 있어요. 단 한 번의 성관계로도 임신이 될 수 있어요. 따라서 어떤 경우에도 절대 임신이 되지 않는다고 함부로 생각하지 말아야 합니다.

성관계를 했는데, 월경이 평상시보다 일주일 이상 늦으면 임신일 가능성이 있어요. 약국이나 편의점에서 임신 테스트기를 구입하면 소변 검사로 임신 여부를 판별할 수 있습니다. 평소 월경 주기가 불규칙하면 임신이 되었는지 잘 모를 수도 있으니 월경 주기를 알아 두는 게 좋아요.

임신하면 사람에 따라 메스껍고 토하는 증상(입덧)이 생기기도 하고, 입맛이 달라지고 평소와 달리 피곤이 몰려와요. 임신 18주 전후로 아기의 움직임을 엄마도 느낄 수 있어요. 일반적으로 마지막 월경 첫날로부터 280일(40주) 정도가 지나면 출산하게 됩니다.

만일 새 생명을 기쁘게 맞이할 준비가 되어 있지 않다면, 성관계를 할 때 반드시 피임을 해야 해요. 최소한, 콘돔을 사용해야 합니다. 2018년에 청소년들이 얼마나 피임을 하고 있나 조사했더니, 성관계 경험이 있는 청소년 중 절반 가까이는 여전히 피임을 전혀 하지 않고 있었어요. 2013년에는 피임을 한다고 답한 이들이 39퍼센트였는데, 그보다는 증가했으니 다행이라고 해야 하나요. 임신을 몸으로 겪는 여자뿐 아니라 남자 역시 임신 가능성을 염두에 두고 성관계를 해야 합니다.

피임 방법

가장 대표적인 피임법으로는 '콘돔'이 있어요. 사정된 정액 안에 들어 있는 정자가 질 안으로 들어가는 것을 막는 고무 제품이죠. 콘돔은 피임뿐 아니라 성 매개 감염 질환(성병)을 예방하는 효과가 있어요. 자기 몸을 보호하기 위해서라도 콘돔 사용은 의무사항입니다. 내가 성관계하는 상대방이 성병이 있는지 없는지 잘 모르는 상태라면, 내가 잘 모르거나 믿을 수 없는 사람이라면, 성관계를 하면 안 됩니다. 자기 자신을 보호하세요.

　콘돔은 제대로 사용하면 피임 성공률이 높은 편이고, 다른 피임법에 비해 부작용이 거의 없다는 장점이 있습니다. 하지만 청소년들은 제대로 사용하는 데 미숙하여 콘돔조차 피임 성공률이 높지 않은 게 현실이에요. 사용하기 전에 콘돔의 유통 기한을 확인하고, 찢어진 곳이 없는지 살펴보세요. 콘돔의 안과 밖을 잘 구분해서 착용하고, 한 번 쓴 것은 재사용하지 않아야 합니다. 약국뿐 아니라 편의점이나 지하철 자판기 등에서 구매가 가능하고 미성년자도 구입할 수 있으니, 임신을 원하지 않는다면 최소한 '노 콘돔, 노 섹스'(No condom, No sex)의 원칙을 꼭 지키도록 해요.

　간혹 성관계를 하다가 남성이 사정 직전에 성기를 빼서 여성의 질 밖에서 사정하는 '질외 사정법'을 피임 방법으로 생각하는 경우가 있어요. 처방전이나 도구가 필요 없으니 손쉽게 사용할 수 있는 방법이라고 생각하죠. 하지만 사정하기 전에 남성의 성기에서는 '쿠퍼액'(남성이 성적으로 흥분하면 요도를 타고 나오는 맑은 액체)이 나오는데, 거기에 정자가 포함되어 있을 가능성도 있어요. 게다가 사정을 하는 적당한 타이밍을 맞추기란 매우 어렵기도 하고요. 실제로 질외 사정으로 임신되는 경우가 적지 않아요. 따라서 임신을 원하지 않는다면 이 방법은 사용하지 마세요.

어떤 여성은 자기 몸의 변화를 민감하게 체크해서 배란기에는 성관계를 하지 않는 '월경 주기 조절법'으로 피임을 하기도 해요. 하지만 이 방법은 월경 주기가 언제나 일정한 여성에게만 가능한 피임법이라서 실패할 확률이 높아요.

약으로 피임하는 방법도 있어요. 여자가 먹는 '경구 피임약'을 복용하는 방법입니다. 먹는 피임약은 매달 난자가 나오는 것을 막거나 난자와 정자가 만나지 못하게 하는 역할을 합니다. 약국에서 살 수 있지만, 처음에는 산부인과 전문의의 도움을 받는 게 좋아요. 모든 약에는 부작용이 있을 수 있으니까요. 그런데 피임약 복용이 아주 간단한 것처럼 말하는 광고에 속지 마세요. 청소년이 매일, 일정한 시간에 맞춰 피임약을 복용하기란 거의 불가능한 일입니다.

'사후 피임약'으로도 불리는 '응급 피임약'도 있어요. 성관계 후에 피임한다는 건 말이 안 되죠? 말 그대로 이 약은 응급약이라서 응급 상황에서만 사용해야 합니다. 성폭행 같은 응급 상황이 발생한 경우 최대한 빨리, 72시간 이내에 의료진의 도움을 받아 약을 복용해야 효과가 나타납니다. 일반적인 경구 피임약에 비해 호르몬 함량이 열 배 이상 높은 고농도의 호르몬 제제이기 때문에 부작용을 겪을 수 있어요. 몸에 무리가 많이 가는 약품이므로 보통의 피임 방식으로 사용해서는 안 됩니다. 심지어 국내에서 판매 허가가 나지 않은 낙태약(임신 중절 의약품)을 온라인에서 사서 복용하고 심한 부작용을 겪는 사례도 있어요. 이건 아주 위험한 행동이에요. 반드시 전문의의 처방과 안내에 따라야 합니다.

책임감 있게 성을 대하기

앞에서 여러 피임 방법을 소개하면서 콘돔이 가장 안전한 방법이라고 했지만, 실제로 여러분이 직접 콘돔을 사는 게 쉽지는 않을 거예요. 어른들도 쉽지 않거든요. 특히 여자는 피임약을 처음 복용할 때는 산부인과에 가서 처방받는 게 좋은데, 그렇게 할 수 있는 청소년이 얼마나 되겠어요? 피임하기 위해 할 수 있는 일을 하는 게 생각보다 어려울 수 있습니다. 그리고 상대방에게 피임 이야기를 꺼내면 분위기를 깰까 봐, 상대가 싫어할까 봐, 상대가 나를 떠날까 봐 적극적으로 피임에 대한 대화를 하지 않게 되죠.

현실이 이러하니 진심으로 여러분에게 부탁할게요. 부디 자기의 몸을 귀하게 여기고, 준비된 성관계를 하세요. 책임질 수 있을 때 성관계를 하세요. 사랑은 책임지는 거예요. 생명은 엄중한 것입니다. 생명 앞에서 우리는 겸손해야 합니다.

임신하면 선택지는 두 가지밖에 없어요. 낙태(임신 중단)하든지 출산하든지. 어떤 결정이든 쉽지 않습니다. 아기를 낳는다면 누가 키울지, 어떻게 키울지, 혹은 입양을 보낼지, 어느 것 하나 단순하고 쉬운 해답이 없습니다. 무슨 결정을 내리더라도 과정과 결과가 쉽지 않아요.

저는 개인적으로 낙태를 반대해요. 자궁에 착상한 수정란은 단순한 세포가 아니라 엄연히 생명입니다. 여자의 자궁에서 자라지만 고유의 가치를 지닌 사람이에요. 임신의 어느 시기에는 사람이 아니다가 어느 시기가 지나면 사람이 되는 게 아닙니다. 이제 법이 바뀌어서 낙태가 범죄는 아니에요. 하지만 도덕적으로 우리는 생명을 살리는 선택을 해야 한다고 생각해요. 그럼에도 불구하고, 청소년의 임신에 대해서는 과연 어떤 선택이 최선일지 너무나도 고민스러워요.

준비되지 못한 임신으로 위기 상황에 처한 청소년들을 돕는 기관과 단체, 제도들이 있습니다. 필요한 경우 이들의 도움을 받아 주어진 정보 안에서 최선의 선택을 내리시길 바라요. 전화로 상담하거나 홈페이지를 통해 도움을 받을 수 있습니다. 자신이 사는 지역에서 도움받을 수 있도록 연결해 줄 거예요.

위기 상황에서 도움을 얻을 수 있는 곳

- 여성긴급전화 1366
- 1388 청소년사이버상담센터
- 아하!서울시립청소년성문화센터 02)2677-9220
- 탁틴내일 02)338-7480
- 서울시립십대여성건강센터 나는봄 02)6227-1541, 010-4621-1541(상담)
- (사)막달레나공동체 02)3275-1985

7. 서로 좋은 것을 찾기

- 1549 임신상담출산지원센터 02)2665-1549, 010-2172-1549
- 한국위기임신출산지원센터 애란원 02)363-4750
- 여성가족부 '청소년산모 임신·출산 의료비 지원사업'
  (http://www.mogef.go.kr)
- 사회서비스 전자바우처 '청소년산모 임신/출산 의료비 지원 사업'
  (https://www.socialservice.or.kr)
- 국민행복카드 '청소년산모 임신/출산 의료비 지원'
  (http://www.voucher.go.kr)

8. 위험한 성을 경계하기

동의를 구하기

앞에서 '젠더 감수성'에 대해 배웠어요. 젠더 감수성을 인식하며, 다음 문장들에 각각 O/X를 표시해 보세요.[5]

젠더 감수성 O/X

1. 성추행 사건이 일어났을 때, 노출이 심한 옷을 입은 사람도 책임이 있다. (   )

2. 성적 제안에 침묵한다는 것은 그 제안을 받아들인다는 의미다. (   )

3. 남자가 스킨십을 하기 전에 상대방에게 동의를 구하는 것은 남자답지 못하다. ( )

4. 성적 제안에 여자가 "싫다"라고 하는 것은 사실은 속으로는 좋으면서 튕기는 것이다. ( )

5. 집에 혼자 있는 남자친구의 방에 여자가 흔쾌히 들어가는 것은 성관계를 허락한다는 뜻이다. ( )

6. 성폭력을 당한 사람이 멀쩡하게 지내는 걸 보니 진짜 피해를 당한 게 아닌 것 같다. ( )

7. 둘이 찍은 가벼운 스킨십 사진 정도는 상대방의 동의 없이 내 소셜 미디어에 올려도 된다. ( )

8. 같은 학교 학생의 외모를 비하하고 성희롱하는 단체 메시지방에서는 가만있는 게 낫다. ( )

9. 성폭력은 모르는 사람에게나 적용되는 것이기 때문에 '데이트 성폭력'이라는 건 있을 수 없다. ( )

10. 성적인 농담에 대해서 불편해하면 분위기를 깨게 되므로 웃고 넘겨야 한다. ( )

× 5글 정답

같이 하나씩 살펴봅시다.

1. 성추행 사건이 일어났을 때, 피해자에게 책임을 돌리는 사람들이 있어요. 하지만 성폭력은 어떤 경우에도 가해자의 잘못이지 피해자의 잘못이 아닙니다. 노출이 심한 옷을 입었다고 빤히 쳐다보거나 마음대로 만져도 되는 건 아니에요. 그래도 여러분, 때와 장소에 맞는 적절한 옷차림이란 게 있습니다.

2. 성적 제안에 침묵한다는 것은 그 제안을 받아들인다는 의미가 아니라 거절입니다. 제안을 한 사람은 상대방의 적극적인 "좋아"를 기다려야 하고, 거절하는 사람은 정중하면서도 단호하게 거절을 표현해야 합니다. 연습하세요.

3. 남자가 스킨십을 하기 전에 상대방에게 동의를 구하는 것은 남자답지 못한 게 아니죠. 상대를 존중한다면 동의를 구하는 게 당연합니다.

4. 어떤 남자들은 여자가 "싫다"라고 하는 것은 사실 속으로는 좋으면서 겉으로만 튕기는 것이라고 오해합니다. 물론 좋으면서 말로만 거절하는 여자도 있겠지요. 혹은 예전에 사귄 여자는 그랬을 수도 있어요. 하지만 여자의 "싫다"는 싫다는 말입니다. 이건 남자도 마찬가지입니다.

5. 집에 혼자 있는 남자친구의 방에 놀러 가는 것과 성

적인 행동을 하는 것은 별개의 문제입니다. 어떠한 성적 행동이든 상대방의 동의와 허락이 있어야 해요. 다만, 단둘이 은밀한 공간에 있을 때 예기치 않은 성적 행동이 일어나기 쉽다는 점은 명심하세요.

6. 사람이 누구나 다르듯이, 성폭력을 당한 후의 모습도 사람마다 다릅니다. 피해자는 이러저러해야 한다고 '피해자다운' 특정 모습을 강요해서는 안 됩니다. 벌어진 일이 자신의 잘못이 아니므로 평소대로 지내려고 애쓰는 피해자도 있고, 수치심과 분노 때문에 크게 괴로워하는 모습을 보이는 피해자도 있습니다. 모습이 어떻든 피해자를 비난하는 문화는 사라져야 해요.

7. 사진을 함께 찍는 것과, 그 사진을 공유하는 일에 동의하는 것은 다릅니다. 상대방과 찍은 사진을 소셜 미디어에 올릴 때는 먼저 허락을 받아야 합니다. 상대방이 내려 달라고 하면 꼭 내리시고요.

8. 온라인상에서 누군가를 비하하고 성희롱하면 큰일이 벌어질 수 있어요. 말은 날아가지만 글은 남아요. 온라인의 특성상 무한 반복 재생되고 기록이 지워지지 않아서 피해자의 고통은 말할 수 없이 커집니다. 그리고 이 기록은 신고를

위한 중요한 자료가 되므로, 단체 메시지방에서 생각 없이 남긴 한두 마디로 앞날에 큰 걸림돌이 될 수 있어요. 만약 여러분이 그런 단체 메시지방에 들어가 있다면, 다수의 방관자로 남지 마세요. 방관한 것도 가담한 것임을 명심하시고요. 다 같이 가해자의 행동을 멈춰 주세요.

9. 성폭력 가해자를 조사해 보았더니 모르는 사람이 아니라 아는 사람이 80퍼센트에 가까웠어요. 그리고 아는 사람 중에서도 가족, 친족, 또래 친구 등 가장 가까운 관계의 사람에 의한 피해가 90퍼센트 가까이 되었고요.[6] 가까운 사이에서도 성폭력이 일어날 수 있음을 인식하고 있어야 합니다.

10. 혼자만 재미있는 농담은 농담이 아니에요. 특히 누군가를 비하하고 성희롱하는 것은 농담이 될 수 없습니다. 다 같이 즐겁게 웃을 수 있는 '무해한' 농담을 많이 계발하면 좋겠어요.

그루밍 성범죄

혹시 '그루밍'(grooming)이라는 단어를 들어 보았나요? 개나 고양이처럼 털을 가진 동물들이 자기 털을 핥아서 깨끗하게 다듬는 것을 말해요. '돌본다'는 의미도 들어 있어요. 이 단어 뒤에 '성범죄'가 붙으면, 어떤 사람을 거절하기 어려운 상태로 만들고 이를 악용하여 저지르는 성범죄를 가리키는 용어가 됩니다.

'그루밍 성범죄'는 전형적으로 아동이나 청소년, 장애인 등 돌봄이나 도움이 필요한 사람을 대상으로 하는 성폭력에서 나타나요. 가해자는 친밀한 관계를 형성해서 피해자를 '길들이고', 마치 그에게만 해 주는 특별한 애정 표현인 것처럼 피해자에게 다가와요. 그 과정에서 가벼운 토닥거림부터 성폭행에 이르기까지 다양한 성적 접촉을 시도하죠.

음란한 사진을 전송하거나, 피해자에게 신체의 특정 부위를 찍어서 보내라는 요구를 하기도 하고, 웹캠을 통해 성적 대화를 하거나 이를 녹화하는 수법으로 신체 접촉이 없는 성착취도 이루어집니다. 가해자를 믿고 따르며 의지하던 피해자는 이런 접촉이 성폭력인지 사랑인지 구분하기 어려운 상태가 돼요. 가해자는 상황을 은폐하기 위해 협박하고 회유하면서 피해자를 고립시키곤 합니다.

◆ ◆ ◆

열다섯 살 지희(가명)는 친구 관계에 어려움을 겪으면서 방에 틀어박혀 게임을 하는 시간이 많아졌어요. 게임 자체보다도, 게임 속에서 사람들과 채팅하는 것이 더 좋았어요. 그들은 친절해 보였고 자기 이야기에 귀를 기울여 주는 것 같았어요. 특히 지희는 어느 아저씨와 개인적으로 대화를 많이 나누었어요. 부모님도 이해하지 못하는 친구 관계의 어려움을 자기 일처럼 공감해 주는 아저씨가 참 좋았습니다. 지희는 자기가 아저씨를 사랑한다고 믿었어요.

어느 날, 지희는 부모님에게 학교를 그만두겠다고 이야기했습니다. 하지만 부모님은 지희를 혼내기만 할 뿐 마음을 어루만져 주지 않았어요. 너무 속상해서 아저씨에게 털어놓았더니, 그는 '부모님이 나쁘다, 집을 나와라, 머물 곳을 마련해 주겠다'며 지희를 꼬드겼습니다. 지희는 집을 나와 아저씨가 마련해 준 곳으로 갔어요.

잔소리하는 부모님이 없어서 처음엔 너무 자유로웠어요. 아저씨는 채팅방에서처럼 친절했습니다. 하지만 그 친절은 오래가지 않았죠. 잠자리와 먹을 것을 제공해 준 아저씨는 지희를 성적으로 이용했어요. 부모님의 신고로 지희가 발견될 때까지 지희는 그의 성범죄 대상이 되었습니다. 지희는 그루밍 성범죄의 피해자였던 거예요.

그러나 자기가 성범죄를 당한 것이라는 사실을 인지하게 되었을 때도 신고하기가 쉽지 않았어요. 한때는 자기도 아저씨를 사랑한다고 생각했으니까, 자발적으로 그 관계에 동의한 것이 아닌가 하는 자책감이 들었고요. 또 자기가 피해를 당한 줄도 몰랐다는 수치심에 괴로워하기도 했습니다. 왜 그 당시에 그게 성범죄인 줄 몰랐는지, 적극적으로 신고하지 않았는지 자기를 비난한 것이죠.

기존의 그루밍 성범죄는 취약한 처지에 놓인 아동, 청소년을 상대로 많이 일어났어요. 가해자는 이들을 사랑으로 돌보아야 할 책임이 있는 교사나 보호자나 친인척 또는 친한 이웃 등이었죠. 하지만 SNS 등을 이용한 오픈 채팅 등에서 일어나는 온라인 그루밍 성범죄는 피해자나 가해자가 불특정 다수예요. 온라인 공간에서는 얼마든지 거짓말을 할 수 있으니까요. 그래서 더 큰 위험에 처할 수도 있어요.

지금은 그루밍 성범죄를 아주 심각한 범죄로 인식해서 강하게 처벌합니다. 예전에는 아동과 성관계를 했을 경우에,

설령 피해 아동이 동의했다 하더라도 만 13살 미만의 아동이면 가해자가 '미성년자 의제강간'으로 처벌을 받도록 규정했어요. 하지만 기준이 되는 나이가 너무 낮아서 실제로 아동, 청소년을 제대로 보호할 수 없다는 비판이 계속 나왔어요. 그래서 2020년에 법이 바뀌었고, 합의된 성관계라 할지라도 만 16살 미만의 미성년자와 성관계를 가진 성인은 처벌받게 되었습니다.

이런 수법의 성범죄가 있다는 것을 인식하고, 여러분도 게임이나 채팅이나 커뮤니티에서 만나는 사람들에게 속지 않도록 조심해 주시고, 조금이라도 의심스러우면 부모님을 비롯한 믿을 만한 어른들에게 알리셔야 합니다. 어른들에게 말했다가 혼나지 않을까 걱정될 수 있지만, 더 큰 피해를 막을 수 있다는 생각으로 잠깐의 두려움을 이기기를 바라요.

성폭력

가정 폭력, 학교 폭력, 성폭력…. 폭력은 주로 힘이 센, 소위 '빽'이 있는, 지위가 높은, 갑을 관계에서 갑의 입장에 있는 사람이 가해자인 경우가 대부분이죠. 상대적으로 힘이 적은,

지위가 낮은, 을의 입장에 있는 사람이 피해를 입습니다. 성폭력은 여자도, 남자도 가해자가 될 수 있고 피해자도 될 수 있어요. 성폭력은 성별을 가리지 않아요. 가해자는 어딘가에 숨어 있다가 공격하는 낯선 사람보다는 우리 주변에 있는 사람인 경우가 많고요. 심지어는 사귀는 관계 안에서도 폭력이 일어날 수 있습니다. 휴대 전화를 보겠다는 간섭이나, 누구를 만나지 말라거나 어디를 가지 말라는 등 통제하는 행동은 전형적으로 일어나는 정서적 폭력입니다.

상대의 얼굴과 몸을 말로 평가하거나 성적 농담을 하는 것은 언어적 성희롱입니다. 같은 학교 아이를 몰래 찍어서 단체 메시지방에 올리고 성적으로 비하하는 글을 쓰면 시각적 성희롱이 될 수 있어요. 상대의 동의 없이 엉덩이를 때리거나 만지거나 '똥침'을 하면 성추행이고요. 부딪히는 척하면서 남의 몸을 만지는 것도 성추행입니다. 동의를 구하지 않고 자기 몸을 보여 주는 것, 자기 성기를 만지게 하는 것, 남의 성기를 만지는 것 모두 성폭력입니다. 강제로 성관계를 맺는 성폭행은 가장 큰 처벌을 받아요.

가해자는 성폭력의 의도가 없었다고 말할 수 있어요. 나쁜 생각에서 한 게 아니라고 주장할 수 있고요. 하지만 어떠한 성적 행위라도 상대방의 동의를 구해야만 합니다. 아무리 서로 좋아하는 사이라도, 상대방이 원하지 않으면 하지 말아야 하는 거죠. 자신의 행동에 상대방이 불쾌감을 표현하면, 아주 정중하게 납작 엎드려 사과하세요. 사과하지 않으면 사건이 될 수 있습니다.

이런 일이 일어나서는 안 되겠지만, 만약 성폭행을 당했다면 이렇게 행동하세요.[7] 피해자는 자기 잘못이 아닌데도 자신을 탓하며 몇 번이고 몸을 씻는 행동을 반복하는 경우가 많아요. 하지만 가해자를 제대로 처벌하기 위해서는 '증거'가 필요해요. 그러니 마음을 다잡고, 우선 '여성긴급전화 1366'으로 전화를 거세요. 365일 24시간 운영해요. 1366 홈페이지에서 채팅으로도 상담할 수 있어요. 혹은 '해바라기센터'를 찾아요. 센터는 병원과 연계되어 있어요.

몸을 씻지 말고, 되도록 빨리, 사건이 일어난 지 24시간 이내에 가세요. 그곳에서는 응급 피임약 처방을 받고 다친 부위가 있으면 치료받을 수 있어요. 심리적인 도움도 받을 수 있어요. 사건 당시 입었던 속옷은 따로 보관해서 들고 가세요. 비닐봉투보다 종이봉투에 넣어 가면 DNA 손실을 막을 수 있어요. 만일 가해자가 아는 사람인 경우에는, 카카오톡이나 전화를 차단하지 말고 저장하세요. 가해자의 인정이나 사과는 중요한 증거가 됩니다.

그리고 반드시 기억하세요. 성폭행은 피해자의 잘못이 아니에요. 가해자가 그 일을 저질렀기 때문에 일어난 겁니다. 그 자리에, 그 시간에, 그런 옷을 입고 간 것이 성폭행을 당할 이유가 될 수 없어요. 가해자는 자기가 저지른 일에 대한 결과를 치러야 합니다. 그래야 또 다른 피해자가 나오는 것을 막을 수 있어요. 앞으로 여러분의 안전을 위해 다음 사항들을 명심합시다.[8]

안전을 위해 기억할 것

- 행선지를 부모님이나 친구에게 알리세요. 특히 밤에는 더더욱.
- 스마트폰을 보면서 길을 걷지 마세요.
- 잘 모르는 사람의 차를 얻어 타지 마세요.
- 늦은 밤에 택시를 타게 되면 택시 번호를 부모님께 문자로 알리세요.
- 집에 혼자 들어갈 때 다른 사람이 비밀번호를 보지 않게 조심하세요.

9. 온라인 세상을 판단하고 분별하기

온라인 세상에서 일어날 수 있는 일들

여러분 대다수는 스마트폰을 사용할 겁니다. 전국의 만 13세 이상을 대상으로 조사해 봤더니 열 명 중 아홉 명이 스마트폰을 사용하고, 10대 청소년이 가장 많이 가지고 있더라고요.[9] 특히 요즘은 부모님들이 아이를 키우는 동안 디지털 기기를 이용해서 육아에 많은 도움을 얻다 보니, 아이는 아주 어릴 때부터 그런 기기들과 더불어 살아요. 이제 인터넷이 없는 세상은 상상할 수가 없어요. 인터넷 세상은 여러분의 놀이터이자 학습 공간이 되었어요. 모여서 놀 시간도, 공간도 없는 여러분에게 인터넷 세상마저 차단할 수는 없는 노릇이지요.

부모님들이 스마트폰을 사 줄 때 제일 신경 쓰이는 건 아무래도 성인용 영상물 문제입니다. 일부러 찾아 들어가지 않더라도 우연히 이런 것들을 볼 가능성이 매우 크잖아요. 게다가 온라인 그루밍 성범죄들이 계속 발생하니까 부모님들은 마음이 불안할 것입니다. 텔레비전 프로그램이라고 나을까요? 어른이나 아이 할 것 없이 얼굴 평가는 기본이고, 여자의 몸을 부위별로 나누어 평가하기도 해요. 심지어 완력을 사용해서 스킨십을 하는 것을 미화하는 장면도 나옵니다. 대중가요의 가사나 뮤직비디오는 대놓고 성관계를 묘사하기도 해요. 과거에 비해 신체 발달이 훨씬 빠른 아동, 청소년들에게 시청각적으로 너무 많은 자극이 주어지고 있어요.

음란물이 왜 문제일까?

2020년에 초등학교 4학년 이상 청소년을 대상으로 조사해 보니 무려 37퍼센트, 그러니까 세 명 중 한 명이 성인용 영상물을 보았다고 답했어요. 이는 2018년 20퍼센트에서 두 배 가까이 늘어난 수치입니다.[10] 청소년들이 성인용 영상물에 접근하는 것이 그만큼 쉬워진 거죠. 이런 영상물을 보통 '야동'이라고 부르지요? '야한 동영상'의 준말인 야동은 어감이

귀여우니까 별 거부감 없이 받아들이는 것 같아요. 청소년들끼리 "ㅋㅋㅋ"와 함께 링크를 주고받기도 하더군요.

혹시 여러분이 본 적 있는, 보고 있는 야동은 그 출처가 어디인지, 어디서 만들어진 것인지 알고 있나요? 일본이나 미국 같은 나라에서는 성적 흥분을 불러일으키기 위한 목적으로 감독의 지휘하에 배우들이 시나리오대로 연기해서 영상물을 만들 수 있어요. 그런 영상물을 '포르노'라고 불러요. 포르노는 돈을 벌기 위해 만든 상품입니다. 포르노 제작이 합법인 나라들이 있지만, 우리나라는 포르노를 제작, 판매, 유포하는 행위가 불법이에요.

포르노는 왜곡된 성 정보를 줍니다.[11] 남자와 여자의 몸, 남녀의 관계에 대해 거짓말을 하거나 과장해요. 포르노에 등장하는 배우들은 남자든 여자든 성기의 모양, 크기가 보통의 사람들과 다른 경우가 많아요. 보통의 사람들은 성관계를 하기까지 약 10분 정도의 시간이 필요하지만, 포르노 배우들은 항상 '곧바로' 시작합니다. 포르노에서 남성 배우는 며칠이고 몇 번이고 성관계를 할 수 있는 것처럼 보이지만 실제 현실의 사람은 그렇지 않아요. 포르노에서는 콘돔을 사용하지도 않고 임신에 대한 고려는 전혀 하지 않습니다. 특히 여성을 인격체로 보지 않고 성기 위주의 성적 대상으로 생각하게 만들어요. 성폭력을 미화하면서 피해자의 고통을 외면하게 만듭니다. 성폭행당하는 여성이 즐거워하는 것처럼 찍은 포르노도 있다고 합니다. 왜 그럴까요? 더 자극적이어야 사람들이 많이 보니까요. 그래야 돈을 더 많이 벌 수 있으니까요. 왜곡된 영상에 속지 마세요.

뉴질랜드 내무부가 제작한 텔레비전 공익광고가 있어요.[12] 뉴질랜드는 포르노 제작이 합법인 나라입니다. 그 공익광고에는 벌거벗은 두 남녀가 등장하는데 그들은 포르노 배우예요. 두 사람은 한 가정집을 방문해서, 문을 열어 준 아이 어머니에게 "당신 아들이 온라인에서 우리를 찾길래 찾아왔어요"라고 말해요. 아이 어머니는 큰 충격을 받은 표정입니다. 배우들이 말해요. "우리는 보통 성인들을 위해 연기하는데, 저 아이는 그냥 아이잖아요. 아이는 아마 진짜 남녀 관계가 어떤 식으로 흘러가는지 모를 거예요. 우리는 포르노를 찍을 때 '동의' 같은 건 얘기하지 않아요. 하지만 현실에서라면 절대 그렇게 하지 않죠." 포르노는 현실과 다릅니다.

내 친구도 보고 선후배도 보고 너도나도 다 보는 것 같은데, 음란물이 그렇게 나쁜 걸까요? 여러분이 접하는 야동은 포르노를 찍는 게 합법인 나라들에서 생산된 해외 포르노이거나 국내 및 해외에서 불법적으로 촬영되고 유포된 디지털 성범죄물일 것입니다. 특히 바람직한 성 윤리에 반하는 영상물이 많기에 그런 동영상을 '음란물'이라고 불러요.

음란물은 보면 볼수록 점점 빠져들게 되어 있어요. 음란물을 만들어 파는 사람들이 돈을 벌기 위해서, 사람들이 돈을 더 많이 쓰고 더 많이 음란물을 보도록 점점 더 자극적이고 변태적이고 폭력적인 영상물을 만들기 때문이에요. 그러면 보는 것에서 그치지 않고 행위로 이어질 가능성이 점점 커집니다. 미국의 심리학자 빅터 클라인(Victor Cline) 교수는 음란물에 대한 반응을 다음의 4단계로 정리했어요.

음란물에 대한 4단계 반응

- 1단계(중독 단계) : 우연한 계기로 혹은 호기심으로 재미 삼아 반복적으로 음란물을 찾습니다.
- 2단계(상승 단계) : 성적 자극에 대한 기대치가 점점 높아져서 더욱 강력하고 자극적인 것을 원하게 됩니다.
- 3단계(불감증 단계) : 음란물에 나오는 내용이 현실에서 실제로 일어나는 일이라고 오인하게 됩니다.
- 4단계(성적 행동 단계) : 음란물에 나오는 행위를 직접 해 보고 싶은 욕망이 커져서 범죄로 이어지기도 합니다.

9. 온라인 세상을 판단하고 분별하기

보는 것만으로도 성폭력이 된다

2014년부터 3년간, 성폭력 가해 경험이 있는 청소년들과의 상담을 분석한 결과가 있어요. 성폭력 가해 유형을 보면 SNS를 통해 또래에게 성적인 글, 사진, 동영상을 유포하는 '통신 매체 이용 음란' 유형이 28퍼센트로 가장 큰 비중을 차지했습니다. 또한, 요즘 웬만한 스마트폰에는 성능이 아주 뛰어난 카메라가 장착되어 있고, 단추 크기만큼 작은 촬영 장비들도 손쉽게 구할 수 있어요. 그래서 치마 속이나 화장실 등을 불법으로 몰래 촬영하는 '카메라 등 이용 촬영'도 전체 성폭력의 18퍼센트나 되었고요. 이렇듯 요즘은 (몸으로) '저지르는' 성폭력만큼이나 (눈으로) '보는' 성폭력의 폐해도 심각합니다.

우리는 종종 '야동, 음란물, 포르노, 몰카, 도촬' 같은 단어를 마구 섞어서 사용해요. 불법 촬영을 '몰카'(몰래 카메라)나 '도촬'(도둑 촬영)과 같이 줄여서 일상에서도 장난식으로 사용하고, 이러한 불법 촬영물을 포르노, 야동과 같은 범주로 생각해요. 그러나 상대방의 동의 없이 사진이나 영상을 찍는 행위는 '몰카'가 아니고 '불법 촬영'입니다. 불법 촬영물은 '야동'이 될 수도 없고 되어서도 안 돼요. 더욱이 이러한 불법 촬영물을 아무렇지도 않게 "ㅋㅋㅋ"의 소재로 삼아서는 안 됩니다.

예전에는 정부 기관이나 뉴스에서도 '몰래 카메라'라는 용어를 사용했는데, 이 용어가 심각한 범죄를 희화하하거나 너무 가벼운 것처럼 생각하게 만든다고 지적되어 지금은 '불법 촬영'이라는 표현이 보편적으로 사용됩니다. 또한 불법 촬영은 '찍는 사람'이 문제이지, '찍히는 사람'의 잘못이 아니라는 생각도 보편화되었고요.

'N번방 사건'이라고 들어 보셨죠? 가해자들이 다양한 메신저 앱을 이용해서 피해자를 끌어들이고, 협박해서 성 착취물을 찍게 했어요. 그걸 유포하고 돈 받고 팔았어요. 피해자들 중에는 여러분 같은 아동, 청소년들이 많았고요. N번방 사건이 알려지자 많은 사람이 큰 충격을 받았죠.

그간 이런 불법 촬영물을 (단순히) '보는' 행위는 처벌 대상이 아니었어요. 불법 촬영을 하거나 이를 퍼뜨리는 경우에만 처벌했죠. 이마저도 초범이어서, 술에 취해서, 장래가 촉망되어서, 반성하고 있어서, 나이가 많아서 혹은 나이가 어려서 같은 다양한 사유로 처벌 수위가 매우 낮았어요. 그래서 불법 촬영물을 '보는' 것도 성폭력이라는 인식이 확산되어야 한다는 주장이 끊임없이 있었습니다. 피해자에게는 누군가 그

영상을 본다는 것 자체가 또 다른 가해가 되기 때문이죠. 불법으로 찍거나 공유하지 않고 단순히 보기만 했을 뿐이라는 이유로 면죄부를 준다면, 피해자는 '누군가 내 몸을 몰래 보고 있지 않을까?' 하는 공포에 시달릴 수밖에 없어요. 그 공포가 피해자를 죽음으로까지 몰고 가기도 하고요.

2020년 5월, 마침내 불법 촬영물을 보기만 해도 처벌하는 이른바 'N번방 방지법'이 통과되었습니다. 남의 몸을 불법 촬영해서도 안 되고, 그걸 인터넷에 올려서도 안 돼요. 불법 촬영된 성범죄물은 클릭조차 해서는 안 됩니다.

온라인에서 일어날 수 있는 성범죄

얼마 전, '지인 능욕'이라는 디지털 성범죄 기사를 보고 충격을 받았어요. 자기가 아는 사람, 심지어 가족과 친척까지도 몰래 촬영한 뒤, 음란한 사진과 합성해서 온라인 공간에 올리는 범죄가 벌어지고 있다고 해요. 그에 따르는 모든 피해는 오로지 피해자가 감당해야 합니다. 피해자는 그런 사진이나 영상을 삭제하기 위해 많은 시간과 돈을 사용해야 해요. 디지털의 특성상, 그렇게 해도 어디선가 다시 등장할 수도 있고요. 너무나 괴로워하다가 스스로 목숨을 끊는 피해자도 생긴다고 합니다. 그 피해자가 내 가장 친한 친구라면, 어머니라면, 여동생이라면, 남동생이나 형이라면 어떻겠어요!

혹시 친구가 메신저로 보내 준 음란물 링크를 클릭해 본 적이 있나요? 만약 클릭한 링크 안에 아동이나 청소년으로 추정되는 사람이나 이미지가 들어 있다면, 잠깐의 접속만으로도 큰 처벌을 받게 됩니다. 다른 사람, 특히 온라인에서 누구인지 분명히 알 수 없는 사람이 보내는 링크는 함부로 열지 말아야 합니다. 어떤 경우에는 그 링크에 악성 코드를 심어 개인 정보를 빼낸 후 그것으로 또다시 피해 청소년을 협박하는 범죄도 벌어집니다. 여러분의 호기심을 악용한 나쁜 범죄입니다.

또한 온라인에서도 그루밍 성범죄가 벌어져요. 아동, 청소년을 대상으로 한 디지털 성범죄 현황을 조사했더니, 열 명 중 두 명은 카카오톡이나 페이스북, 트위터 같은 소셜 미디어를 이용한 오픈 채팅에 참여한 경험이 있다고 응답해서 '온라인 그루밍' 범죄 위험에 노출된 것으로 조사되었어요.[13] 또 알지 못하는 사람에게서 기프티콘을 받은 경우도 여중생 이상 청소년 열 명 중 한 명 정도가 경험했다고 합니다. 온라인을 통해 알지 못하는 사람에게 자기 나이와 이름, 사는 곳이나 생년월일, 전화번호까지 알려 준 경우도 많았고, 실제로 오프라인에서 만나는 일도 있었어요.

온라인 세계의 특성상 상대방이 자신을 속일 수 있다는 건 누누이 얘기했지요? 가해자들은 오픈 채팅방이나 랜덤 채팅 앱을 통해서 범행 대상자를 물색해요. '랜덤 채팅 앱' 하면 연상되는 키워드가 무엇인지 조사해 보았더니, 어른들은 '성범죄, 음란물 유포, 성매매'라고 대답한 반면에, 청소년들은 '소개팅, 놀이, 호기심'이라고 대답했어요. 여러분은 재미로 랜덤 채팅을 하지만 나쁜 의도를 가진 사람도 있을 수 있습니다. 심지어 가해자는 성인이 아닐 수도 있어요. 또래 친구가, 선후배가 가해자일 수도 있습니다.

'보이스 피싱'이라는 용어 들어 보았지요? 범죄를 도모하는 자들이 범행 대상에게 전화를 걸어 허위 사실을 말하면서 불안하게 만들고 협박해요. 그런 후에 돈을 보내라고 요구하거나 특정 개인 정보를 수집하는 범죄 수법입니다. 그런데 이와 비슷한 수법으로 이루어지는 '몸캠 피싱'이라는 범죄도 있어요. 가해자의 그루밍에 속은 청소년이 자신의 벗은 몸을 찍어서 보내요. 심지어 몇만 원의 도서상품권을 얻고 싶어서 성적인 영상을 찍어 보내기도 합니다. 얼굴은 안 찍었으니까 괜찮을 거라고 생각하면서요.

그런데 딱 한 번 찍어 보낸 것뿐이라 해도, 과연 그것으로 끝일까요? 영상물의 특징을 잘 알잖아요. 무한 재생이 가능하고 어디로든 퍼 나를 수도 있어요. 가해자는 그 영상을 빌미로 피해자를 협박해요. 자기 말을 듣지 않으면 영상을 여기저기에 퍼뜨리겠다고 위협하죠. 만일 가해자가 피해자의 개인 정보를 알고 있다면, 협박이 더욱 효과적일 겁니다. 피해자는 그게 무서워서 가해자의 요구에 끌려다니기 시작하죠. 이게 바로 '몸캠 피싱'입니다. 이런 일을 겪으면 절대 혼자서 해결하려고 하지 마세요. 반드시 부모님과 경찰의 도움을 받아야 합니다.

디지털 리터러시가 필요해

디지털 기술은 숙제를 도와주고, 친구와 대화를 나눌 때도 유용합니다. 하지만 디지털 기술이 발전하는 만큼 디지털 세계에서 벌어지는 성 문제도 훨씬 복잡해지고 파급력이 커지고 후유증도 심해졌어요. 기술이 발달하는 속도를 제도나 법이 쫓아가기가 어려워요. 그렇다고 디지털 기술의 도움을 받지 않을 수도 없죠. 어떻게 하면 디지털 기술을 현명하게 사용할 수 있을까요?

어떤 집에서는 스마트폰이나 아이패드, 노트북 같은 디지털 기기를 아이에게 사 줄 때, 가족이 함께 사용 범위와 시간 등을 명시한 '스마트폰 사용 계약서'를 작성해서 실천하기도 해요. 가족 모두가 디지털 기기를 사용하지 않는 시간이나 상황을 약속해서 실천하기도 합니다. 왜 이런 노력을 하는 걸까요? 이렇게 애쓰지 않으면, 우리 삶을 윤택하게 만들기 위해 선택한 디지털 기술이 우리 삶을 망가뜨릴 가능성이 있기 때문이에요.

여러분은 좋은 어른들과의 대화의 통로를 열어 놓은 상태에서, 어느 정도 자율성을 가지되, 만일의 사태에 늘 대비해야 해요. 온라인에서 접하게 되는 모든 콘텐츠를 무비판적으로 수용하는 게 아니라, 여러분이 주체가 되어 디지털 세계를 분별하고 비판하는 능력을 키워야 합니다. 온라인 세계 안에서 절제력과 통제력을 발휘하여 디지털 기술을 활용할 수 있는 능력을 키워야 해요. 이런 능력을 '디지털 리터러시'라고 부릅니다. 특히 대중매체에서 전달되는 정보들을 비판적 시각으로 해석하고 창의적으로 검토하여 재창조하는 능력을

'미디어 리터러시'라고 부르고요. 여러분을 돕는 온라인 콘텐츠와, 여러분을 해하는 온라인 콘텐츠를 판단하고 분별하는 힘을 길러야 합니다.

정서적으로 감당할 수 없는 음란물을 보고 나서 괴로워하는 초등학생, 좀 더 자극적인 영상을 찾아 헤매는 자신을 비난하는 중학생, 성에 대해 왜곡된 시각을 갖게 된 것은 물론 영상을 따라 해 보고 싶어 하는 고등학생까지, 고통을 겪는 청소년들이 많아요. 어른들 중에도 음란물에서 빠져나오지 못해 사랑하는 사람과의 관계에 어려움을 겪는 이들도 있고, 심하면 관계가 깨지는 경우도 있습니다. 미성년자에게 스마트폰을 주면 안 된다고 법으로 정하지 않는 한, 이런 문제는 점점 더 어린 나이부터 시작될 것 같아요.

혹시 우연히 음란물을 접했는데 자꾸 음란물을 검색하고 찾아보게 되나요? 그러고 싶지 않은데 저절로 그렇게 되어서 마음이 무거운가요? 그런 자기 자신을 탓하고 있나요? 여러분 잘못이 아니에요. 어른들이 여러분을 잘 보호해 주지 못했어요. 부모님이나 여러분이 신뢰하는 어른들에게 도움을 청하세요. 학교의 'Wee클래스'나 교육청 'Wee센터' 선생님과 상담할 수도 있고, '푸른아우성'이라는 단체 홈페이지나 '아하!서울시립청소년성문화센터' 홈페이지에 상담 글을 남기면 답변을 받을 수 있어요. 카카오톡 채널 '성교육성상담아하센터'에서 채팅 상담을 받을 수도 있습니다.

'푸른아우성'에서 발간한 『아우성 빨간책』이 있어요. '여자 청소년 편'과 '남자 청소년 편' 두 권으로 되어 있는데 꼭 한번 읽어 보세요. 여러분이 온라인 세계에서 겪고 있는 다양한 성 문제와 그에 적합한 대처법을 배울 수 있어요.[14]

디지털 리터러시 실천법

- 모르는 사람이 보낸 사진, 동영상, 파일은 열어 보지 마세요.
- 몰래 촬영한 영상, 음란물, 노출 사진과 영상을 공유하지 마세요.
- 다른 사람의 사진을 무단으로 공유할 경우 초상권 침해에 해당할 수 있어요.
- 자기 신상 정보를 과도하게 노출하지 마세요.
- 오픈 채팅방, 랜덤 채팅 앱의 위험성을 알고 가입하지 마세요.
- 온라인 채팅으로 알게 된 사람은 혼자서는 오프라인에서 절대 만나지 마세요.

나가는 글

경계를 존중하기

제가 어렸을 때는 남자아이들이 치마를 입은 여자아이들에게 "아이스께끼"라고 말하며 치마를 들추는 '장난'을 쳤어요. 가슴이 발달하기 시작한 여자아이들이 브래지어를 착용하면, 브래지어 끈을 잡아당기고 도망가는 남자아이도 있었습니다. 끝까지 쫓아가서 행동을 응징하는 여자아이도 있었지만, 대부분은 그 '장난'을 속절없이 당하고 속상해하거나 울곤 했죠.

옛날에야 이런 '아이스께끼'가 부모들 간 다툼으로 번지거나 심각해지는 일을 본 적이 없지만, 지금은 상황이 달라졌어요. 이런 행동이 이제는 장난으로 끝나지 않을 수 있습니다. 같은 사안을 바라보는 시각도 부모님마다 다르기 때문에, 우리 가정에서는 장난으로 치부하는 행동을 다른 가정에서는 폭력으로 간주할 수도 있고요.

모두가 재미있어야 장난이고 놀이입니다. 그런 놀이를 강제적으로 하게 해서는 안 됩니다. 이 행동을 안 하면 앞으로 같이 놀지 않겠다고 겁을 준다든가, 이렇게 하면 놀아 주겠다고 꼬드기는 것은 문제가 됩니다. 상대방이 하지 말라고 하는데도 계속한다면, 그게 아무리 장난이요 놀이요 나쁘게 할 의도가 없었다고 하더라도 상대방 친구에게 상처를 입히게 돼요. 아무리 재미가 있더라도 자신이나 다른 사람의 몸을 보여 주거나 보는 행동, 만지게 하거나 만지는 행동에는 제약이 따라야 합니다.

성과 관련한 말이나 행동은 개인의 '프라이버시'(사생활)입니다. 우리는 나의 프라이버시도 지키고 타인의 프라이버시도 지켜 주어야 해요. 특히 공공장소에서는 더더욱 성과 관련한 예절을 지켜야 합니다.

저희 막내가 대여섯 살 때쯤의 일이에요. 동네 이비인후과에 가서 진료 순서를 기다리고 있었어요. 저는 한쪽 의자에 앉아 있었고, 막내는 저와 저쪽 의자 사이를 오가며 무료함을 달래고 있었죠. 그때 한 어머니가 저희 막내보다 한두 살 많아 보이는 남자아이를 데리고 들어왔어요. 남자아이는 우리 아이 옆에 딱 붙어 앉더니 갑자기 아이 입술에 뽀뽀를 했어요. 갑작스러운 남자아이의 행동에 막내도 저도 당황하고 있었는데, 그 아이 어머니가 이렇게 말하더군요. "꼬마야, 오빠가 네가 예뻐서 그래."

제가 초등학교 6학년 때, 선생님이 시킨 심부름을 끝내고 집에 가려는데 책가방이 보이지 않았어요. 교실 어디에도 없더라고요. 그런데 남자아이 두 명이 이런 내 모습을 숨어서 지켜보며 웃겨 죽겠다는 시늉을 했어요. 너희가 숨겼으면 돌려 달라고 했지만 소용이 없었습니다. 저는 속상한 마음에 교무실로 가서 울먹이며 담임선생님에게 이 사실을 이야기했죠. 그때 선생님이 하신 말씀은 놀랍게도 "그 아이들이 너를 좋아하나 봐"였어요.

아이들은 잘못된 행동을 할 수 있죠. 하지만, 잘못이 명백한 상황에서 '너를 좋아해서, 네가 예뻐서'라는 말로 그 행동을 합리화해서는 안 돼요. 이런 상황에서 어른들이 이렇게 말하면 아이들은 무엇이 옳은지 그른지 배울 수가 없어요.

여러분은 내가 하고 싶다고 다 허용되지는 않는다는 것을 배워야 해요. 상대방이 싫어하는 행동을 지속하면 안 된다는 것을 알아야 해요. 인간관계에는 넘어서는 안 되는 선이 있어요. 이것을 어려서 배우지 않으면 어른이 되어서도 "농담이었다, 장난이었다"라는 말로 둘러댑니다. 이렇게 말하고 행동하면 여러분의 장래에까지 큰 걸림돌이 될 수 있어요.

다른 나라의 전투기가 허락을 받지 않고 우리나라 영토에 들어오면 어떤 일이 벌어질까요? 처음에는 말로 경고하고, 다음엔 경고 사격을 할 거예요. 그런데 계속 경고를 무시하면 그 전투기는 격추를 당할 수 있겠죠. 그 사건으로 두 나라 사이에 전쟁이 벌어질 수도 있을 거예요. 사람 사이도 마찬가지예요. 모든 사람은 자기의 신체적·정신적 영역을 존중받아야 안전감과 평화를 누릴 수 있어요.

그런데 살다 보면 나의 신체적 경계가 원치 않게 침범받는 경우가 종종 발생합니다. 가족과 친구는 물론이고 낯선 사람들도 내 경계를 침범할 때가 있어요. 우리나라 문화가 어떤 면에서는 이런 걸 '정'이라고 표현하면서 허용하고 부추기기도 해요. 특히 어린아이의 경계는 자주 무시되죠. 아이가 싫다고 하는데도 억지로 뽀뽀를 하거나, 잘 모르는 어른에게 뽀뽀하도록 시키기도 합니다. 아이의 의견은 중요하게 받아들이지 않고, 말 잘 듣는 아이를 만들고 그것을 '예의'라고 가르쳐요. 아이들은 이런 행동이 경계를 침범하는 것임을 모르거나, 기분이 나쁘더라도 불쾌감을 표현할 용기를 내지 못하는 것일 수 있어요.

나의 경계를 물리적·심리적으로 어디까지 다른 사람에게 허용할 수 있는지, 어느 지점부터 불쾌하게 느껴지는지를 알아차리는 것은 중요한 능력입니다. 자기의 감정을 알아차리고 자기가 원하는 바를 인지하려고 노력하다 보면 "여기까지야. 더는 안 돼" 혹은 "조금 천천히 다가오면 좋겠어"라는 식으로 자기 의사를 표현하기가 점점 쉬워질 거예요. 이렇게 용기를 내는 연습을 하다 보면 자존감이 높아져요.

내 몸의 한계를 알아야 내가 진정으로 원하는 것이 무엇인지 알 수 있습니다. 내게 좋은 것과 좋지 않은 것을 구분할 줄 아는 것이 나를 아끼는 길이에요. 불편하다는 자기의 느낌을 알아채고 그것을 솔직하게 말할 수 있다면 내면이 건강하다는 증거예요. 불쾌하다고 느껴지면 "싫어"라고 말할 수 있는 아이여야, 더 자라서는 자기가 원하지 않는 성적 접촉도 거절할 수 있겠죠. 따라서 우리 모두 다음의 경계 존중 원칙을 지키면 좋겠어요.[1]

경계 존중 원칙

- 나의 경계를 존중받아야 하며, 상대방의 경계도 존중합니다.
- 상대방이 나의 경계를 함부로 침범하거나 침해할 경우 "싫어"라고 말합니다.
- 그러나 "싫어"를 하지 못했다고 해서 자신의 잘못은 아닙니다.
- 성적인 행동처럼 상대방의 경계를 침범해야 할 경우에는 '동의'를 얻어야 합니다.
- 상대방이 "싫어"라고 하면 "싫어"를 수용해야 합니다.
- 상대방의 "싫어"를 먼저 수용하는 문화를 형성해야 합니다.

좋은 결정을 하기

우리는 수많은 결정을 하면서 살아요. '어떤 것을 먹을까', '숙제를 먼저 할까, 게임을 먼저 할까' 같은 일상적인 일들은 순간적으로 판단을 내리기도 하지만, '어떤 학과로 진학할까'

같은 사안은 신중한 결정이 필요합니다.

우리가 하는 의사결정은 대체로 3단계를 거쳐 이루어지는데, 각 단계를 무의식적으로 혹은 감정에 휩쓸려서 하지 않고 논리적으로 거치면 좋은 의사결정이 됩니다.[2] 첫 번째 단계는 'Stop'입니다. 즉시 행동하는 게 아니라 멈춰서 무엇이 문제인지, 결정할 일은 무엇인지를 명확히 하는 거예요. 두 번째는 'Think'입니다. 어떤 문제 해결 방법들이 있을지 생각하고 찾아보고, 그 방법을 선택했을 때 어떤 결과가 있을지도 예상해 보는 거죠. 세 번째는 'Go', 가장 좋다고 생각하는 해결 방법을 선택해서 행동하는 것입니다.

예를 들어, 같은 반의 이성 친구에게 사귀자는 고백을 받았을 때, 여러분은 어떻게 하겠어요? 사귀자는 고백을 받은 상황을 세 단계로 나누어 의사결정을 할 수 있어요.

3단계로 결정하기: 예시

- Stop 사귄다? 안 사귄다? 어떻게 하지? 나는 무엇을 원하지?
- Think 사귈 때의 좋은 점과 나쁜 점은 무엇일까? 거절했을 때의 좋은 점과 나쁜 점은 무엇일까?
- Go 그래, 결정했어! 이 결정은 나의 권리이자 책임이야.

나가는 글

그러면 이번에는 이 3단계를 활용해서 다음 상황을 결정해 봅시다. 사귀고 있는 친구가 둘이서만 노래방을 가자고 합니다. 부모님이 허락하지 않을 게 뻔한데…. 다른 친구들과 같이 가자고 하자, 둘이 가야 노래를 더 많이 부를 수 있다며 계속 둘만 가자고 하네요. 거절하면 그 친구가 진짜 싫어할 것 같아 걱정이 됩니다. 어떻게 하면 좋을까요?

3단계로 결정하기: 적용

- Stop   (무엇이 문제이고, 결정해야 할 일은 무엇일까?)

- Think   ('둘만 갈 때/가지 않을 때/다른 친구들도 같이 갈 때'의 좋은 점, 나쁜 점을 적어 보기)

- Go   (가장 좋다고 생각하는 것으로 결정하기)

저는 여러분이 앞으로 독립적이고 건강한 어른으로 성장하기를 진심으로 바랍니다. 자율적이고 책임 있게 성적 행동을 하는 사람, 자신이 원하지 않는 성적 행위는 거부할 줄 아는 주체적인 사람으로 자라길 바라요. 성적 행동은 내가 원할 때, 내가 동의하는 방식으로, 적절하게 준비해서 해야 합니다. 분위기에 휩쓸리거나(살다 보면 그런 일이 벌어지기도 하겠지만), 더욱이 상대방의 요구에 마지못해 끌려갈 일이 아니에요.

내 입장이 잘 정리되어 있어야 상대방에게 구체적으로 요구할 수 있겠죠. 내 결정이 중요한 만큼 다른 사람의 결정에도 귀 기울여야 해요. 자기 자신과 남을 해쳐서는 안 됩니다. 자기의 욕구가 언제 어디서든 채워져야 한다는 갓난아이 같은 단계에서 벗어나, 욕구를 조절할 수 있는 자기 통제력을 기르는 방향으로 성장해야 합니다.

◆ ◆ ◆

글을 쓰는 동안 〈소년심판〉이라는 드라마를 보았어요. '촉법소년'이라는 사회 문제를 다룬 법정 드라마인데요. 이 드라마에는 심은석이라는 판사가 등장합니다. 심 판사는 개인적으로 겪은 끔찍한 사건으로 인해 소년범들을 아주 싫어하고 미워해요. 그랬던 그녀가 범죄에 연루된 한 청소년에게 했던 말이 참 인상적이었어요.

"딱 한 번이면 초범이고, 초범의 자수는 경찰도 보호사건으로 넘길 거야. 내가 장담해. 네 인생 1, 2년 잠깐 돌아간다고 절대 망하지 않아.…살면서 누구나 실수는 해. 그런데 ○○야, 진짜 중요한 건 그다음이야. 그다음들이 모여서 ○○라는 사람이 되는 거거든. 잘 생각해 봐. 이번 선택으로 넌 어떤 사람이 되고 싶은지."

동그라미 안에 여러분의 이름을 넣어서 한번 읽어 보세요. 어떤 결정을 할 때마다, 어떤 선택을 할 때마다, "나는 이번 선택으로 어떤 사람이 되고 싶은가?" 스스로에게 물어보기로 해요.

여러분, 다른 사람 눈치 보고 비교해서 움츠러들지 말고 나답게 자유롭게 사세요. 자신과 타인을 해치는 것들에 용감하게 맞서세요. 어떤 게 나에게 최선일지 현명하게 선택하고 결정하세요. "자유롭게, 용감하게, 현명하게!"[3] 이 시대의 풍

조를 본받지 말고, 마음을 새롭게 함으로 변화를 받아서, 하나님의 선하시고 기뻐하시고 완전하신 뜻이 무엇인지를 분별해 가는 여러분이 되시길 간절히 바랍니다.

나가는 글

감사의 글

청소년이 제대로 성을 알 수 있도록 기회를 주신 IVP에 감사드립니다. 청소년이 좋아할 만한 책을 만들려고 애쓰신 심혜인 간사님께도 감사드려요. 청소년들의 아픈 몸과 마음을 보듬는 한지선 선생님, 전문가의 식견으로 이 책의 감수를 맡아 주셔서 감사합니다. 그리고 각자 자기 자리를 잘 찾아 가고 있는 딸들아, 대견하고 고맙다. 팔순이 넘은 연세에도 맛있는 반찬 만들어 주시는 친정 엄마, 감사합니다. 누구보다 나의 성장을 기뻐하고 응원하는 남편, 사랑해. 그리고 저를 믿고 청소년 교육을 맡겨 주신 수많은 분들 덕분에 이 책이 나올 수 있었습니다. 진심으로 감사드립니다!

주

1부. 나를 알고 사랑하기

1　"남성호르몬", 세브란스 건강정보, 2020년 11월 9일. https://gs.severance.healthcare/health/encyclopedia/treat_board.do?mode=view&articleNo=67019.

2　김병준, "'남성' 작다고 낙담할 필요 없다", 「부산일보」, 2019년 10월 21일.

3　이철재, "사춘기 땐 생각하는 뇌 부위 덜 자라…버럭·까칠·소심이로", 「중앙일보」, 2015년 7월 25일.

4　'사단법인 푸른아우성'이나 '아하!서울시립청소년성문화센터'에 상담할 수 있어요.

2부. 상대방을 이해하고 존중하기

1　마거릿 미드, 『세 부족사회에서의 성과 기질』(이화여자대학교출판문화원, 1998).

2　김주혁, "화장실에서 안오는 아내…이유 알게 된 남편 '경악'", 「서울신문」, 2014년 7월 21일.
3　조현아·장순화·김경란·심상희·송정혜(글)·높은산 편집부(그림), 『성교육 색다르게 스마트하게』(높은산, 2019), p. 88.
4　김민섭, 『훈의 시대』(와이즈베리, 2018).
5　본인의 성 정체성 고민이든 성 소수자를 차별하는 문화로 인한 고민이든, 성 소수자를 이해하고 친화적인 정신과 의사 선생님이나 상담센터를 찾아가길 바랍니다. '성소수자알권리보장지원 노스웨스트 호'에 지역별 병원과 상담센터 목록이 나와 있어요. '띵동'(청소년성소수자위기지원센터)이나 '성소수자부모모임'에서도 도움을 받을 수 있어요.
6　PD수첩팀, "젠더 갈등과 여성가족부", 「MBC뉴스」, 2022년 3월 15일.
7　이혜운, "'디피' 작가 "나도 D.P.였다… 방관자였던 내 군 생활의 참회록"", 「조선일보」, 2021년 9월 9일.

3부. 행복하게 함께 살기

1　배정원(글)·최해영(그림), 『니 몸, 네 맘 얼마나 아니?』(팜파스, 2015), p. 114.
2　이규영, 『중학교 라이프스킬로 배우는 성 톡톡(교사용)』(중앙대학교 출판부, 2016), p. 66.
3　김현수, 『중2병의 비밀』(덴스토리, 2015), p. 134.
4　이제항, "한 해 10대 청소년산모의 출산 아동 1천 명 이상, 청소년양육부모도 증가", 「스트레이트뉴스」, 2021년 4월 15일.

5 『성교육 색다르게 스마트하게』 p. 86와 서울시교육청의 '성인지감수성' 체크리스트를 참고하여 문항을 작성하였습니다.
6 김서현, "아동·청소년 대상 성범죄, 가장 주의해야 할 사람은 '아는 사람'이었다", 「여성신문」, 2020년 6월 30일.
7 유지영, "한 사람 인생 망가뜨리는 성폭력…'해바라기센터'에 도움 요청하세요", 「청년의사」, 2020년 2월 10일.
8 배정원, 앞의 책, p. 202.
9 김경진, "한국 스마트폰 보유율 90% 돌파…OTT 동영상 이용률도 52%", 「중앙일보」. 2020년 1월 31일.
10 나경철, "초등생 3명 중 1명 야동 시청", 「MBC 뉴스」, 2021년 3월 24일.
11 "10대 음란물 그리고 인터넷", 「SBS스페셜」, 2014년 10월 19일.
12 전승엽 외, "우리 애가 야동을 본다고?…집 찾아온 성인물 배우들", 「연합뉴스」, 2020년 6월 26일.
13 정순채, "'온라인 그루밍 성폭력'에 노출된 청소년…대책은?", 「우먼컨슈머」, 2022년 2월 16일.
14 사단법인 푸른아우성, 『아우성 빨간책: 남자 청소년 편』(올리브엠앤비, 2017), pp. 87-88.

나가는 글

1 조현아 외, 앞의 책, p. 440.
2 참고. 이규영, 앞의 책, pp. 84-93.
3 아니 카스티요의 그림책 『펑!』(달리, 2020)의 부제.

추천 도서

사춘기의 몸과 마음
* 가슴이 궁금한 너에게 유미 스타인스·멜리사 캉(글)·제니 래섬(그림), 다산어린이
* 고마워 성, 반가워 사춘기 정미금(글)·황미선(그림), 한솔수북
* 내 얼굴이 어때서 오승현(글), 조은교(그림), 풀빛
* 사랑을 하고 싶은 너에게 가와쓰 야스미, 나무를심는사람들
* 사춘기 내 몸 사용 설명서 안트예 헬름스(글)·얀 폰 홀레벤(사진), 이마주
* 사춘기는 다 그래! 루이스 슈필스베리(글)·마이크 고든(그림), 다림
* 생리를 시작한 너에게 유미 스타인스·멜리사 캉(글)·제니 래섬(그림), 다산어린이
* 성교육 상식사전 '인간과 성' 교육연구소(글)·남동윤(그림), 길벗스쿨
* 소녀가 된다는 것 헤일리 롱(글)·젬마 코렐(그림), 봄나무
* 소년이 된다는 것 제임스 도슨(글)·스파이크 제럴(그림), 봄나무
* 아우성 빨간책: 남자 청소년 편/여자 청소년 편 푸른아우성, 올리브엠앤비

* 이런 질문, 해도 되나요? 심에스더·최은경, 오마이북
* 재미있는 사춘기와 성 이야기 이명화·양윤경(글)·최정인(그림), 가나출판사
* 청소년 빨간 인문학 키라 버몬드, 내인생의책
* 초경부터 당당하자 엘리즈 티에보(글)·미리옹 말(그림), 레디앙
* 토닥토닥 성교육, 혼자 고민하지 마 정혜민, 토기장이

젠더와 페미니즘

* 나의 첫 젠더 수업 김고연주, 창비
* 안녕, 내 이름은 페미니즘이야 강남순, 동녘주니어
* 언니, 페미니즘이 뭐야? 마리아 무르나우(글)·엘렌 소티요(그림), 탐
* 젠더 쫌 아는 10대 정수임(글)·웰시(그림), 풀빛
* 청소년을 위한 양성평등 이야기 이해진, 파라주니어
* 페미니즘 교실 김고연주(엮음)·수신지(그림), 돌베개
* 훈의 시대 김민섭, 와이즈베리
* 흑설공주 이야기 바바라 G. 워커, 뜨인돌

혐오와 인권

* 그건 혐오예요 홍재희, 행성B
* 불편하면 따져봐 최훈, 창비
* 비혼주의자 마리아 안정혜(글·그림), IVP
* 예민한 게 아니라 당연한 겁니다 이은의, 디플롯
* 우리 시대 혐오를 읽다 김진호 외, 철수와영희
* 인권도 차별이 되나요? 구정우, 북스톤
* 혐오 : 재밌어서 한 말, 뭐가 어때서? 소이언(글)·권송이(그림), 우리학교

* 혐오와 인권 장덕현(글)·윤미숙(그림), 풀빛

청소년의 관계와 우정
* 그래서, 동의가 뭐야? 저스틴 행콕(글)·푸크시아 맥커리(그림), 픽
* 동의 : 너와 나 사이 무엇보다 중요한 것! 레이첼 브라이언, 아울북
* 동의가 서툰 너에게 유미 스타인스·멜리사 캉(글)·제니 래섬(그림), 다산어린이
* 우리 친구 맞아? 이남석, 창비
* 우정 지속의 법칙 설흔, 창비
* 지금 독립하는 중입니다 하지현, 창비

미디어 리터러시
* 뉴스, 믿어도 될까? 구본권(글)·안병현(그림), 풀빛
* 미디어 리터러시 수업 김미옥 외, (주)학교도서관저널
* 미디어 리터러시 쫌 아는 10대 금준경(글)·방상호(그림), 풀빛
* 미디어 리터러시, 세상을 읽는 힘 강용철·정형근, 샘터사
* 안전하게 로그아웃 김수아, 창비
* 유튜브 쫌 아는 10대 금준경(글)·하루치(그림), 풀빛
* 잘 봐 놓고 딴소리 이승한, 북트리거
* 청소년을 위한 미디어 리터러시 이야기 강정훈, 맘에드림

청소년이 성을 알면 달라지는 것들

초판 발행_ 2023년 2월 1일
초판 2쇄_ 2024년 12월 20일

지은이_ 김경아
펴낸이_ 정모세

펴낸곳_ 한국기독학생회출판부
등록번호_ 제2001-000198호.(1978.6.1)
주소_ 04031 서울시 마포구 동교로 156-10
대표 전화_ (02)337-2257 팩스_ (02)337-2258
영업 전화_(02)338-2282 팩스_ 080-915-1515
홈페이지_ http://www.ivp.co.kr 이메일_ ivp@ivp.co.kr
ISBN 978-89-328-1989-1

ⓒ 김경아 2023

책값은 뒤표지에 있습니다.
무단 전재와 복제를 금합니다.